UN CHÂTEAU SUR LA LUNE

Jean-Claude Bouillon-Baker

UN CHÂTEAU
SUR LA LUNE

HORS }{ COLLECTION

ISBN : 978-2-258-09279-2
Code éditeur : C09279
Dépôt légal : février 2012

Retrouvez-nous sur www.horscollection.com

Hors
Collection

un département **place des éditeurs**

place
des
éditeurs

Préface

Joséphine Baker ne fut pas, au commencement des commencements, une femme de couleurs, mais elle le devint pleinement, par la suite. Par tous les pores de sa peau et dans toutes les teintes de l'arc-en-ciel. Née avec le teint chocolat dans la moins éclairée des banlieues sombres de Saint-Louis, Missouri, à la pire époque de la ségrégation sévissant de l'autre côté de l'Atlantique, elle reste, près de quarante ans après son départ, une femme ayant réussi comme aucune autre sa montée au ciel dans une traînée de lumière éblouissante. Son propos et sa parole sont, aujourd'hui, clairs comme de l'eau de roche et son message simple. Aimer, donner, partager. Née dans la gadoue en laquelle elle pataugeait sans chaussures, Freda (son prénom d'origine) fut d'abord une créature monochrome et charbonneuse avant qu'elle ne se changeât, de par sa propre volonté et grâce à un incessant combat, en une icône scintillant de mille éclats. À travers la récession, le racisme, le rabaissement, la Résistance, la réprobation, Joséphine a réussi à dessiner, non sans heurts, non sans larmes, non sans écarts, non sans éclats, une voie lactée de paix et de tendresse. L'existence ne fut pas, pour elle, une vallée de miel et de roses mais, au long de son chemin périlleux, elle a semé quantité de cailloux blancs qui demeurent comme autant de leçons limpides de courage, de générosité et de panache.

Suivre le récit de l'extravagant et flamboyant destin de Joséphine Baker, c'est assister à l'éveil d'une prise de conscience et à l'épanouissement d'une intelligence de fille battue et humiliée devenue muse d'artistes puis mère nourricière, apôtre de consolation, créatrice d'oasis, réinventant les familles recomposées et les folles utopies. Et le plus émouvant de l'histoire post-mortem de l'incandescente

Miss Baker est que les bas et les hauts de sa vie nous soient ici ressuscités par l'un de ses douze enfants chéris, particulièrement bien placé pour parler de son message universel et de son rêve sublime puisque, avec une patience d'ange, il ne veut cesser, au nom de tous les siens, de célébrer la gloire de sa mère.

Par ce livre et par une prochaine exposition à elle consacrés, Jean-Claude Bouillon-Baker, témoin et acteur de l'Histoire, redonne de nouvelles couleurs à une star, à une héroïne, à une militante, à une artiste. À sa mère.

HENRY-JEAN SERVAT

À Stéphanie L.,
à Clara et Joseph.

Parmi les mille et une photos sur lesquelles ma mère resplendit dans tous les âges de sa beauté et de sa gloire, il en est une, en noir et blanc, qui a fait le tour du monde, suscitant non pas l'admiration, mais la stupeur, une lointaine indifférence, voire le sarcasme...

Sur cette photo, prise en février 1969 aux Milandes, un village du Périgord noir, on découvre, à la place d'une immense artiste, une femme sans âge, en robe de chambre, anéantie sur les marches de sa maison dont elle vient d'être expulsée. S'il n'y avait pas de légende sous la photo, on ne reconnaîtrait pas ma mère, tant l'hébètement, la vieillesse et le désespoir tenaillent à cet instant son visage. C'est l'image la plus terrible de son existence : celle d'une femme jetée en pâture à tous les voyeurismes. Dans cette représentation de solitude extrême perce aussi l'ingratitude des hommes et le triomphe de la cupidité ; l'égoïsme qui alimente l'incompréhension entre les êtres. Celle qui avait osé décréter la fraternité universelle dans ce coin de paradis français est vaincue, son idéal est foulé aux pieds, la mort s'approche d'elle.

De ses cheveux crépus clairsemés – grise broussaille calcinée par toutes les huiles de sa jeunesse – à ce geste à l'agonie vers un carton détrempé, chaque détail exhale une tristesse infinie… Et que ce soit par curiosité ou par compassion, on ne peut s'empêcher de se demander comment l'une des femmes les plus extraordinaires de son époque en est arrivée là.

Elle a profité d'un délai accordé par la loi qui interdisait – déjà – d'expulser entre le 15 octobre et le 15 mars. Mais la vente du mobilier, fin janvier, n'ayant rapporté que la moitié de la somme escomptée, le nouveau propriétaire, fort de cette défaite et de sa toute-puissance, viole la date limite. Cependant, ma mère refuse de quitter les lieux.

Sur ces marches ignobles où tombe une pluie fine et glaciale, abandonnée de tous et de la Providence, elle est sonnée, détruite de l'intérieur. Méfiante envers la loi des hommes, elle vient de passer plusieurs jours barricadée dans sa cuisine, sans chauffage ni électricité, s'éclairant à la lueur d'une bougie, prête à se laisser mourir dans une grève de la faim. La vie ne valait plus la peine d'être vécue sans son idéal de fraternité... C'est ici que tout a pris racine avec ses enfants... C'était il y a quinze ans. Après tout ce qu'elle a fait pour cette région, elle sent qu'on lui en veut à mort. L'esprit torturé par le chagrin, obscurci de brumes et d'incohérences, dans un dernier éclair de lucidité, avant de s'effondrer, elle se met en accord avec son serment : « J'ai résisté autant que j'ai pu, je me suis accrochée de toutes mes forces, mais ils m'ont fait si mal en me tordant les bras et en frappant sur mes mains jusqu'à ce que je lâche la barre de la cuisinière... Ils ont cassé les carreaux et sont passés par la fenêtre... J'ai vu dans leurs yeux une haine que je n'avais plus vue depuis si longtemps... Oh ! mon Dieu, cette haine de mon enfance... J'ai retrouvé toute la vieille haine du Blanc dans leur voix et leur haleine... »

Ce fut, ce jour-là, l'œuvre glorieuse de six peintres en bâtiment, arrivés de Clermont-Ferrand, primés par l'adjudicataire du château pour « foutre dehors la négresse avec hardes et oripeaux », sous l'œil du fils du nouveau propriétaire, un étudiant en droit de 20 ans...

Septembre 1968

Après des milliers d'autres avalés dans d'épais silences, nous étions, tous les douze – petits apôtres encore insouciants d'une tolérance raciale réinventée –, attablés dans la grande cuisine du château pour un dernier repas. Il ne nous restait pas une heure avant que nous ne quittions à jamais notre maison. À mesure que les minutes s'égrainaient, une part du grand rêve utopique de ma mère s'effondrait confusément dans nos jeunes consciences. Sur l'immense pancarte qui accueillait chaque visiteur au pied du village, les mots « BIENVENUE AUX MILANDES, VILLAGE DU MONDE, CAPITALE DE LA FRATERNITÉ UNIVERSELLE » avaient pour la première fois le goût amer des adieux dans la défaite. Le silence était toujours la règle. Cependant des murmures forçaient l'interdiction de parler et se glissaient entre nos lèvres comme de petites bêtes, enfin audacieuses. La table était coupée en deux ; les six « grands » et les six « petits ». Le babil de ces derniers, qui avaient entre sept et dix ans, spéculait sur l'étendue ludique qu'une ville comme Paris pouvait bien receler… Car, nous le savions depuis que nous étions revenus deux jours auparavant de la capitale par un train de nuit pris à la gare d'Austerlitz – *elle* tenait absolument à ce que nous nous imprégnions une dernière fois des lieux de notre enfance –, nous repartions définitivement pour Paris, « la ville de maman »… C'est comme ça que nous l'appelions, alors. Tout à l'heure, le même train zébré d'éclairs surgirait en sens inverse, et le tirage au sort désignerait celui qui aurait le privilège de dormir sur la couchette supérieure du compartiment.

Pour les plus jeunes, ce départ précipité n'avait rien d'un abandon ni d'une fuite honteuse. Leur degré de compréhension n'allait pas jusque-là. Tout le jour, pris dans un faisceau d'espérances et d'excitations immédiates, ils avaient embrassé les grands arbres, nos plus hospitaliers compagnons de jeu lorsque nous demeurions, des journées entières, perchés entre leurs branches. Les châtaigniers et les grands noyers, les chênes très sombres auxquels le Périgord noir devait son nom, il y en avait partout autour des Milandes. Ils se mêlaient aux hêtres, frênes, érables, formant avec eux un grand peuple pacifique de toute éternité. Si la tempête mugissait, les dépouillant de leur beauté saisonnière, une maigreur famélique et fraternelle les atteignait ensemble. Cette traversée de la campagne jusqu'à la gare pouvait dévoiler un ultime spectacle fantasmagorique. Avec un peu de chance, les phares jaunes surprendraient des yeux au cœur des ténèbres, quelques paires de billes phosphorescentes, trahissant la présence de grands animaux qui rendaient la campagne aussi fabuleuse qu'une jungle.

Aux Milandes, les voix humaines et les voix animales se télescopaient. Une sorte de symphonie tropicale interférait avec la rumeur du village, jusqu'au soir. L'air était rempli de cris sporadiques. Sur le chemin qui menait des berges de la Dordogne au château haut perché, une cacophonie venait cogner contre l'oreille des visiteurs. À mesure qu'ils approchaient du château, elle s'amplifiait et proliférait de tous côtés comme l'écho démultiplié d'une forêt africaine. Cette partition était très nettement dominée par les cris des singes et se jouait entre le parc de loisirs au bord de la rivière et celui du château qui le dominait. Outre de très jeunes chimpanzés qui vivaient parmi nous en liberté, vêtus parfois comme des garçonnets et mangeant à notre table, il y avait des singes hurleurs qui s'enroulaient à toute vitesse dans leur cage pour manifester colère ou joie (on ne savait pas trop), et aussi de grands macaques qui, des rives de la Dordogne où ils dormaient, manifestaient par des cris leur affolement devant tant de visiteurs. Les éclats rauques et éraillés des cacatoès se disputant avec de grands aras, les claquements acharnés des becs des toucans déchiraient par intermittence le pépiement continuel et pointu de centaines de perruches. Les symphonies animalières se succédaient tout au long des heures d'été.

Chaque fin d'après-midi arrivait l'instant fugitif où le ciel neutralisait l'heure en refusant de se diluer dans une autre couleur que la sienne. Les clameurs des animaux s'apaisaient lorsque le crépuscule tombait, infiniment lentement. Une orange de feu s'enfonçait derrière les crêtes bleutées. Les murs du château et des maisons étaient léchés par une vapeur dorée qui s'avivait : un incendie immobile s'emparait des pierres. L'ultime croissant en fusion finissait par sombrer. La rivière révélait alors la fuite obscure de son chant, et les voix des bêtes abandonnées au soir et conscientes de leur sort, plus nettes encore dans l'ombre qui les enserrait, avaient de purs accents de mélancolie. Une gaze chaude enveloppait la campagne, dont les derniers contours demeuraient en rémanence dans le regard, bien après qu'ils s'étaient fondus dans l'obscurité. Et la nuit surgissant, pleine de ses propres rumeurs, éteignait l'ultime complainte des animaux. Mais tous ces anciens compagnons avaient été disséminés depuis plusieurs mois dans des zoos, et il ne restait plus, cette nuit, que l'espoir de surprendre, entre deux balancements de phares, une harde de biches, un renard ou encore un sanglier.

La peine des « petits » infusait dans le souvenir des animaux familiers, chiens et chats par dizaines abandonnés au hasard, mais aussi singes de toutes races laissés dans des cimetières improvisés. La honte confuse de devoir fuir la maison après en avoir été chassés ne pouvait, si tôt, atteindre mes jeunes frères et sœurs.

Il n'en allait pas de même avec les « grands ». Au lieu de les enlacer, les plus durs d'entre nous avions tenté d'abattre de grands cèdres de deux mètres de circonférence à coups de hachettes dérisoires. En revanche, nous étions parvenus à précipiter plus de cinquante mètres en contrebas du parc la cabane de trappeur, notre deuxième royaume. Nous y avions mis le feu, et elle avait longtemps flambé, de tous ses restes éparpillés, dans un brasier qui avait adouci notre rage. Et maintenant, autour de la table, nos regards s'évitaient, craignant de subir le miroir de nos propres sentiments. Derrière la grande porte à liserés jaunes, ô combien protectrice à cet instant, nous suspections vaguement une vie faite de dures contraintes et de devoirs nouveaux.

*

* *

À dire vrai, nous n'habitions pas un château, pas même une maison… Mais l'intérieur et les contours de visages changeants et mystérieux, les antres et les recoins interdits d'une bâtisse du Moyen Âge et de la Renaissance qui ne nous séduisait que par les dangers qu'elle nous offrait. Le jour, inconscients des abîmes, insensibles au vertige, en file indienne, nous enjambions les mâchicoulis à trente mètres de hauteur. Leurs tours étaient si venteuses que celui qui, reclus toute la nuit dans l'échauguette, résistait à leur souffle de bête captive et furieuse passait pour héros le lendemain. Tout nous paraissait immense et déconcertant. Les murs s'enfonçaient dans le ciel et l'interminable cave dédaléenne nous fiançait avec les profondeurs telluriques. Nous désertions le monde des vivants au moment où les ténèbres s'abattaient sur nos épaules.

L'ultime lumière du jour perçait par un mince soupirail et faisait luire un petit coron de charbon qui s'éboulait au moindre pas. Puis une odeur nous prenait la main dans l'obscurité, mélange de vin évaporé et de bois putride qui nous guidait par un long soubassement jusqu'à la cave ventrue, fraîche et coite comme un sépulcre. Le long de ses flancs désormais comblés se devinaient de profondes balafres, d'anciennes traces de souterrain, des légendes... Il était admis une fois pour toutes que l'une d'elles avait mené sous la Dordogne, d'un château à l'autre, quelques siècles auparavant, des amants. Mais, plus excitant que cette chanson de geste imaginaire, à vingt ans de là, des gens du maquis s'y étaient terrés dans la peur, tandis que les Allemands cernaient la demeure, armés de chiens. Dans les ténèbres, l'humidité qui suintait de la pierre luisante se transformait soudain en sueur d'angoisse. On se rejouait la scène dramatique avec le nom des fermiers alentour ; on réinventait une ultime solidarité sacrée derrière les murs, l'écho rogue des ordres qui avait dû crever l'obscurité, le roulement ininterrompu des aboiements… C'était le long de ce boyau humide et suiffeux, déformé par la flamme échevelée d'une bougie, que se dessinait le visage le plus tragique de la maison.

Pendant des années, nos jeux au bord des gouffres, mêlés à une mythologie d'amours chevaleresques et de bravoure désintéressée, nous tinrent lieu de réalité, de décor et d'espace.

Mais lorsque surviendrait cette nuit inoubliable, à l'ultime instant, la grande maison étendrait ses bras vers nous, murmurant à notre conscience son adieu, avec une force déchirante. Je me souviens encore parfaitement des dernières secondes, de la silhouette conique et fléchée du château, se fondant de plus en plus dans le ciel de lune, fuyant déjà vers le passé. Elle nous laisserait, tout d'un coup, adultes et solitaires. Autour de la table, les regards vrillés par l'appréhension se perdaient dans les verres en Pyrex et les perles d'eau qui s'agglutinaient sur la nappe cirée ; ou bien ils s'échappaient vers une petite enclave faïencée sur laquelle était reproduite un abécédaire de la mer, et en particulier un tendre petit hippocampe orangé qui stimulait notre imagination comme au premier jour. Ils s'égaraient aussi plus haut, vers les murs ceinturés de batteries de cuivre rutilantes, marmites, casseroles, chaudrons à confiture, renvoyant les lueurs du feu rougeoyant lorsque l'imposante cuisinière à charbon, par cercles successifs, dévoilait son magma palpitant de braises.

La cuisine était chaude et tiède, un peu voilée par les fumées et les odeurs ; elle nous semblait immense. Chaque meuble arborait un blanc crémeux, rehaussé de coulées jaune pâle sur les arêtes de ses reliefs. La double armoire, scellant, en d'inépuisables bouteilles d'huile de foie de morue, notre poison quotidien... La table de plusieurs mètres de long, jonchée à cet instant de boulettes de mie de pain façonnées par l'anxiété... Une commode profonde surmontée d'une balance à plateaux et de sa ribambelle de poids de dix grammes à un kilo... Une sorte de vaisseau spatial clos par trois portes et traversé de hublots ovales bourdonnait dans un coin ; la mention « Frigidaire » attestait son origine américaine. La cuisine était le centre odoriférant et névralgique de la maison. Il s'y concoctait une nourriture qu'il ne fallait pas gâcher, dût-elle être mastiquée des heures. Entre autres mets cauchemardesques, la redoutée tête de veau, plus « vivante » que morte, illusion qui nous plongeait dans une irrépressible angoisse. La cervelle d'agneau toujours mal cuite nervurée de veinules sanglantes… Il y avait encore ce brouet visqueux au nom exotique et un peu ridicule qui tanguait dans le roulis de la cuillère… salive épaisse et grumeleuse… indestructible tapioca. Chaque coagulation de graisse et de matière gluante déclenchait des haut-le-cœur synchronisés.

C'était au sein de cette fabrique de petits traumatismes culinaires que se vérifiaient les règles de propreté quotidiennes. Mains et cheveux soigneusement lavés et peignés défilaient devant une maman souvent harassée – l'ampleur des soucis financiers et l'irréductible méfiance qui aiguisait des dagues autour de nous voûtaient ses épaules de 60 ans et pochaient déjà lourdement ses yeux. Mais elle tenait à ce petit jeu de comparaisons, de l'un à l'autre, sans pour autant se laisser aller à une quelconque moquerie (parfois, cependant, elle ne pouvait s'empêcher d'employer une métaphore ironique. Une chaussette sale, très sale, quasiment rigide et croûteuse, même, devenait une chose aussi « raide que la justice ! »). Et puis, après une petite prière baragouinée en anglais, elle faisait régner le silence. Que l'un de nous s'avise de le rompre, et sa colère pouvait s'abattre comme la foudre ! La courbe d'un tisonnier en indiqua plusieurs fois le degré de force. Mon dos s'en souvient encore.

Ma mère était occupée à touiller le repas au-dessus de la cuisinière qui ronronnait sourdement ; j'en avais profité pour taquiner mon frère et réduire son pays d'origine, la Corée, à la partie la plus infamante de notre corps d'enfant. Il avait douze ans, c'était l'aîné et il ne devait pas, il ne pouvait pas pleurer, pensais-je. Mais j'avais sous-estimé sa capacité à s'émouvoir d'une terre qu'il n'avait jamais vue, sa fierté abstraite de cette origine orientale… Terre symbolique que j'avais osé comparer à un étique et sale petit sexe dégoulinant dans la mer du Japon. À cet instant de l'action, maman avait repris en main le tisonnier. Après avoir déchargé des galets noirs dans la petite forge incandescente, elle replaçait, une à une, les rondelles de fonte décroissantes. J'eus beau, toujours à voix basse et tourmentée, lui présenter mon pays, la France, comme l'autre face la plus vile de notre anatomie – une fesse flasque, puante et pantelante, autant qu'il lui plairait de me le faire répéter –, mon frère Akio redoubla de reniflements. Je ne savais pas encore que l'on observait ça chez les enfants ; plus on veut leur faire croire qu'une chose est anodine, plus ils se mettent à penser le contraire. Avec un instinct mystérieux qu'ils perdront en grandissant, ils possèdent l'art de détecter l'imposture. Devant ce désespoir inattendu, une seule échappatoire s'offrit à moi : ne pas mépriser le chagrin de mon frère, jouer la compassion tout en le défiant de se taire. Joignant l'acte au raisonnement, je dépliai silencieusement, sous la table, ma jambe vers son pied. Maman venait de se retourner. D'une voix incrédule, attentive et bouleversée, elle demanda au pleureur : « Mais qu'est-ce qui ne va pas mon chéri ? Pourquoi ces larmes, pourquoi pleures-tu ? » Étouffé par ses sanglots, Akio était incapable de parler, aussi m'empressai-je de répondre à sa place : « Il a de la peine parce qu'on parlait de son pays et il croit qu'il ne le verra jamais… Mais si, Akio ! Un jour tu iras dans ton pays d'origine, comme maman l'a dit… Pas vrai, maman, que tu l'emmèneras dans son pays, comme tu l'as dit ? » Et maman de lui enserrer les épaules par-derrière et de fondre en promesses : « Mais bien sûr mon chéri. Tu es français maintenant, mais tu verras ton pays bientôt, dans quelque temps… Vous verrez tous le pays où vous êtes nés, il faut savoir et comprendre d'où vous venez… C'est la chose la plus normale du monde. Ne pleure plus mon chéri, ne pleure plus. » J'avais presque frôlé l'exploit et bêtement, tout à fait bêtement, je relâchai la pression de mon pied sur le sien.

Électrifié, électrocuté, je sentis aussitôt mille aiguilles épaisses – comme elles l'étaient en ce temps-là pour chaque vaccin redouté – s'enfoncer en même temps dans mon dos. Des nuées de petites bêtes ailées en feu passaient devant mes yeux et s'évanouissaient dans les murs. Je quittai la table en chancelant, mais une buée m'empêchait d'appréhender la distance jusqu'à la porte, intimée par maman.

Tordu comme un poliomyélitique, je gagnai l'escalier, au milieu duquel les ailes incandescentes se muèrent en explosions solaires. Tout mon cerveau se mit à bouillir et fulgurer en orange sanguin, jaune écrasé et lave jaillissante. La rumeur de la cuisine me parvenait comme d'un autre monde.

*

* *

Une violence irrationnelle guidait certains gestes de ma mère. Une interrogation intime l'accompagnait pendant que nous grandissions. Allions-nous faire montre d'une tolérance aussi authentique que celle dont elle avait rêvé en nous adoptant ? Plus que tout, elle redoutait de voir surgir cette part enfouie, façonnée par des générations d'aïeux, que l'on nomme atavisme. La moindre insulte dans l'innocence de l'âge, le moindre jeu de mots lié à l'origine, la religion ou la couleur de l'autre réveillaient en elle la hantise du reniement.

Cette correction brutale ne se produisit qu'une seule fois, il y a si longtemps… Mais le violent et l'épique de l'enfance resurgissent tôt ou tard dans nos souvenirs. L'on s'y retrouve, totalement en vie… S'il existe bien une preuve que l'on n'a pas rêvé, elle hiberne et se love dans cette violence. Qu'il soit dit aussi que la réaction de ma mère était celle d'une femme que la fuite du temps désorientait. Plus qu'une autre mère, le spectacle d'un petit être qui s'extrait peu à peu de sa chrysalide la désemparait. Au fil des jours, elle souffrait certainement de moins nous sentir sous ses ailes, protégés par son rire et sa tendresse débordante. Ce lien unique qu'elle avait inventé et rattaché au néant de nos vies antérieures ne pouvait se distendre comme celui des autres enfants avec leurs parents. Le miracle ne devait pas s'interrompre ni même se dissiper lentement. Aussi l'intrusion du châtiment ébranla-t-elle sa mythologie d'un amour sans heurts. Mais qu'était-ce qu'un coup de tisonnier, même d'une puissance décuplée par la peur, dans le confort épais d'une pièce bien chauffée, remplie d'odeurs et de nourriture, lorsqu'on a connu, des dizaines d'années auparavant, la lourde main quotidienne de la misère, les carences d'affection aussi fréquentes que les jours sans pain, le placement chez des Thénardier à l'âge de croire aux contes de fée… La malédiction d'être née Noire sur les rives du Mississippi ?

Celle qui avait fait cingler le fer sur mon dos dans un moment de panique intérieure était née là-bas, à St. Louis, Missouri, le 3 juin 1906. Devait revenir à sa mémoire l'image de la petite Josephine Freda Mac Donald de cette époque, malingre et informe, les mains posées crânement sur les hanches, impavide, bravant les coups de sa mère, de son beau-père, des maîtres blancs, de n'importe quel Blanc américain, demi-dieu sur terre investi de tous les pouvoirs. Elle devait se camper devant ses yeux, cette petite fille courageuse et endurcie par l'ignoble primauté de la race sur l'innocence de l'enfant, la loi de la ségrégation au-dessus de la loi divine. Par moments, elle était encore cette petite fille, et elle ne voulait pas lui lâcher la main, pour lui montrer la trajectoire, la fabuleuse traversée, pour qu'elle ressente la fierté d'être devenue une très grande artiste. Et aussi pour la consoler un peu de n'avoir jamais été tout à fait une enfant comme les autres.

Pour en revenir à cette nuit, mémorable entre toutes, vers la fin du repas le nœud du silence s'était complètement desserré, la règle d'or ne nous atteignait plus. Personne ne prêtait attention à Monsieur Henri, témoin de la dureté des derniers jours, vieil homme tassé dans un coin de la pièce. Son visage, d'une pâleur mortelle sous les néons, suggérait des pensées secrètes que les petits spasmes de sa bouche semblaient reformuler en silence. Nous l'avions complètement négligé, lorsqu'une espèce de chuintement plaintif s'éleva. Peut-être était-ce à ce vieil adulte, qui nous inspirait à la fois crainte et respect, qu'échoyaient les mots ultimes avant que nous ne montions en voiture. Délesté de sa vieille gangue de maintien, il paraissait n'avoir plus la force de demeurer inutilement digne devant nous. Les mots pour dire la fin, quelques mots blessés réchappés d'un chagrin dévastateur, s'étaient regroupés. La peine qui le brisait, nous la recevions comme une révélation stupéfiante. De l'entendre et de le voir pleurer nous disait, à cet instant, quelque chose de son humanité profonde. Il savait ce qui lui restait à accomplir. Effaçant tant bien que mal ses larmes d'un revers de la main, l'un après l'autre il nous serra paternellement contre lui. Il nous retenait et en même temps il allait vite pour dissimuler son émotion. J'ai gardé le souvenir d'un visage livré à la vieillesse et à l'abandon, maigre couronne de cheveux blancs autour d'un crâne ridé, joues exsangues, et deux mains sur mon visage, gluantes comme le ventre d'un poisson. Mais plus que tout, une peine sourde et brûlante qui montait d'abysses insoupçonnables. Et puis ses mots égrainés avec la même ferveur infiniment tendre, dédiés à la mémoire de chacun : « Toi, mon petit, n'oublie jamais cette maison ! Conserve tout cela en toi pour toujours ! N'oublie jamais... Tout doit te rester là ! » Et de la main il désignait chaque fois le milieu de sa poitrine, espérant que ses dernières paroles demeureraient gravées en nous, qu'elles nous feraient miroiter sa conscience profonde des Milandes. « Souvenez-vous toujours, les enfants... Souvenez-vous de votre vie ici ! Vous allez quitter les Milandes... C'est fini... Mais tout ce qu'elle a fait ici, vous le saurez ; un jour, vous le saurez… Oh ! votre maman… Quel courage, quel courage ! C'est de l'histoire maintenant ! »

Monsieur Henri avait tout pressenti depuis longtemps (des lettres écrites des années auparavant attestaient sa clairvoyance pénétrée et ses mises en garde inquiètes à maman), et au chant lugubre de la fin répondait, à cet instant, l'écho de sa ruine mentale et physique. Nous aurions dû ouvrir notre cœur à ce vieillard émouvant, redevenu à cet instant un enfant révolté, mais nous n'en étions pas capables. Sa douleur compliquée, si éloignée de nos peines ordinaires, perturbait l'ordre des émotions. L'équilibre du repas oscillait entre excitation et peur du lendemain, et la tension extrême qui habitait cette voix venait de le détruire. Repoussant à demain la crainte de l'avenir, nous n'aspirions plus qu'à nous éloigner de ses paroles de cassandre.

C'est ainsi que nous partîmes dans la nuit, laissant derrière nous le formidable amas de pierres et de sortilèges se refermer sur le vieil homme, comme déjà métamorphosé en son propre fantôme.

Les prédictions de Monsieur Henri avaient maintes fois buté sur la foi inébranlable et quelque peu aveugle de celle qu'il appelait dans ses lettres « ma chère grande »... Sa très fidèle amie depuis la guerre... Maman !

*

* *

Mais le phare tendre, vigilant et parfois terrible de chaque repas n'était pas là. À 62 ans, balayant prudence et repos, ma mère s'épuisait de nouveau à courir le cachet. Quelques semaines plus tôt, abattue par le dégoût et la tristesse, elle avait été conduite à demi morte vers l'hôpital de Périgueux, à la suite d'une attaque cérébrale. Mais il y avait encore une puissance de phénix dans les innombrables ressources de cette femme : un hôpital de province ne pouvait pas être son ultime étape sur terre ! Une poignée de jours plus tard, au début de ce mois de juillet 68 qui léchait les blessures de la France à coups de grandes migrations estivales, elle remontait déjà sur scène, essayant d'arracher le château des Milandes à son destin funeste : la vente au septième de sa valeur, son parcellement définitif, l'extinction de son idéal sur ce petit coin de France.

Casser le premier jugement inique du tribunal de Bergerac et retarder l'échéance définitive, prendre à témoin l'opinion, courir, chanter, accomplir son métier jusqu'à l'épuisement pour colmater quelques créances béantes, revenir et repartir des Milandes, la nuit, le jour, à n'importe quelle heure, espérer en la justice, malgré tout… Ce furent là les obsessions de ma mère durant les mois les plus difficiles de son existence. Cependant, au moment où elle vacille en même temps que son village, le sacro-saint devoir moral tapi en elle, qui aiguillonne son existence depuis la guerre, se remet en branle coup sur coup, à deux reprises, écartant impérieusement toute autre considération. Nous sommes le 4 juin 1968, un mois jour pour jour avant l'hôpital de Périgueux. La révolte s'étiole et se dissout. Passé la stupeur et le tremblement des fondations de tout le pays, la France profonde (« éternelle », aurait lyriquement déclamé, jadis, un général aujourd'hui totalement déphasé), cette France-là s'est ressaisie. Une immense marche de soutien au général de

Gaulle noie les Champs-Élysées, un million de personnes remontent vers l'Arc de Triomphe, s'époumonent d'autant plus bruyamment qu'elles ont tremblé très fort... Et la voilà qui avance sur la première ligne d'élus gaullistes enrubannés et tonitruants, ivres de leur solidarité retrouvée et de leur force ; mon frère aîné collé à son bras, elle lève une main dont les doigts ouverts dessinent le V de la victoire, comme pendant la guerre. Ce qui fera écrire à un journaliste malicieux : « Après avoir commencé avec les bananes... elle finit par le régime ! »

Presque au même moment, Robert Kennedy, en campagne pour la présidence des États-Unis, est assassiné dans les cuisines d'un hôtel de Los Angeles. Aussitôt, une porte se ferme momentanément sur la volonté de se battre pour son rêve de pierre : la machine à reconnaissance s'est remise en action. Elle éprouve une gratitude inextinguible envers le frère et l'ancien ministre de la Justice de John Kennedy. Indésirable depuis sa croisade pour les droits civiques des Noirs américains, fichée par le FBI, elle avait obtenu grâce à lui un visa pour les États-Unis.

En France, tandis que les revendications s'épuisent dans les couloirs de Grenelle, les transports sont paralysés depuis un mois. Un seul avion attend sur le tarmac de Mérignac, un Boeing 747 de la Pan Am. Pas deux, pas trois avions : un seul. Et, bien évidemment, il nous tend ses ailes miraculeuses. Nous voilà partis pour New York, nous les six « grands », avec maman. Dans l'avion, elle se transforme en couturière. Pas une seconde à perdre : chaque veston, d'une flanelle épaisse tout à fait indiquée en ce mois caniculaire, est pourvu d'un écusson aux couleurs de la France, sous l'œil ébahi des membres de l'équipage. Tout de même, drôle d'aréopage que cette petite *French team* aux couleurs de l'arc-en-ciel.

Si l'étuve a élu résidence quelque part dans le monde en ce mois de juin, c'est à New York. Le lendemain, humides comme du papier mâché filtré par le goutte-à-goutte d'un robinet, mais dignes, nous pénétrons en l'église St. Patrick. Nous avançons jusqu'au catafalque sur lequel déborde la bannière étoilée qui drape le cercueil. Un à un, nous nous inclinons. Nos petits écussons « France » et nos couleurs de peau différentes intriguent, mais cette fois le goût de l'irréparable est sur toutes les lèvres, et les sourires n'y fleurissent pas. Puis nous prenons place au fond de l'église. La fraîcheur qui tombe de la nef rappelle à chacun l'insignifiance des désagréments climatiques face à la grandeur d'un sacrifice, l'incommensurable de la mort. En âge de comprendre – du promontoire et du point de vue de maman –, nous comprenons. Cette scène demeurera gravée. Ce Kennedy proche des déshérités plus qu'aucun patricien avant lui, celui-là aurait mis fin aussi à la guerre du Vietnam. Le tableau final de cette tragédie antique et américaine nous pénétrait confusément ; l'espérance décapitée s'élevait dans cette cathédrale, rejoignait d'autres meurtres à travers les siècles. Un peu à l'écart, au seuil d'une sacristie, trois femmes, tout de noir vêtues, venaient de relever leur mantille. Elles s'animaient lentement, avec une prévenance droite et tendre… Maman plongeait ses yeux et son cœur dans ceux d'Ethel et de Jackie Kennedy qui le lui rendaient pareillement.

En se séparant à la fin de cette digne et désespérante journée de juin, aucune des trois n'aurait pu imaginer ce qui allait arriver. Foudroyées à cinq années de distance par le même deuil, les deux belles-sœurs n'auraient des nouvelles de leur amie qu'à travers les articles et les photos de la presse à scandale mondiale…

Jamais on ne l'avait traitée de la sorte. Elle a dû y penser dans une sorte de délire et de stupeur. Quelle France était-ce, celle-ci, haineuse, égoïste et cupide, avec laquelle elle se débattait depuis des mois et des mois, si éloignée de celle qui lui avait ouvert ses bras généreux, dorés et légers, en 1925 ? Mais c'est vrai qu'elle était neuve, belle, infatigable, célébrée et pardonnée – Paris alors était la danse et elle était la danseuse. Sa mémoire remonte dans le passé. Elle ne peut même pas comparer cette ignominie aux heures terribles de son enfance. Presque tous les Noirs, et en particulier ceux de condition très pauvre, comme elle, passaient dans le goulet des insultes et des coups, relégués aux tâches les plus ingrates. Le ciel brillait uniquement sous la voûte des églises. Ils étaient si nombreux du haut en bas de l'échelle de l'âge que l'absence d'une distinction entre eux évitait peut-être les blessures d'amour-propre supplémentaires. Être tous égaux devant l'injustice conduisait à une forme de solidarité.

*

* *

Il fallait croiser sur sa route un miracle pour espérer s'extirper de l'enclave de la misère et échapper à ces placements à répétition chez les Blancs, où l'on perdait sa liberté, voire sa virginité ; où l'on mourait aussi, parfois. Pour ma mère, ce miracle a un nom de scène : les Dixie Steppers, une petite troupe de passage au Booker T. Washington Theater, qui happe une Joséphine de 13 ans, en rodage de grimaces, de mimiques, de danse et de chant, trop noire et encore trop maigre, mais qui en a dans le ventre. Elle en veut déjà plus que les autres girls, mieux formées, plus belles qu'elles et qui rayonnent avec leur peau *high yellow*, la note la plus claire de la gamme de couleurs des Noirs, dont elle est exclue[1]. Mais surtout cette fillette drôle, souple, insaisissable donne à chacun de ses spectateurs l'incomparable impression qu'elle ne chante et ne danse que pour lui. Red Bernett, le vieux directeur du théâtre, l'a bien compris. D'un coup d'œil infaillible et prémonitoire, il la « pousse » sur la route de l'itinérance et de tous les possibles, quitte à ce qu'elle soit engloutie ailleurs.

Ainsi, il lui évite peut-être le destin de tant d'autres, qui ont déjà dépéri à petit feu sous ses yeux à force de renoncements, d'alcool et de prostitution dans les bas-fonds de Saint Louis. La longue route formatrice résonnera de ce sigle, DPCN (*dur pour les culs noirs*). Non sans un humour teinté de fatalisme, variable selon les tempéraments et le degré de vulnérabilité de chacun, les artistes ironisaient entre eux sur ces tournées miteuses, la mai-

1. En effet, on distinguait alors trois nuances de peau chez les artistes de couleur, ce qui pouvait générer une forme de racisme interracial : les *high yellow*, ceux dont la couleur se rapprochait le plus possible de celle des Blancs ; les *brown skin*, d'un ton intermédiaire ; et enfin les *niggers*, terme dont la connotation péjorative n'échappera à personne. Ma mère était une *brown skin*.

greur obsessionnelle des cachets, la vétusté des théâtres et l'agressive exigence d'un public souvent indigent, toujours averti, capable de tout casser s'il n'est pas repu de sensations.

Trop petite et trop malingre pour intégrer le chorus des girls, Joséphine obtient des petits rôles dans les numéros. Dans une farce, la voilà déguisée en très jeune prostituée, poursuivie tout autour de la scène par un bourgeois chamarré en diable qui lui hurle comiquement : « Va-t'en d'ici, espèce de petite garce ! » À une autre étape de la tournée, on la découvre suspendue dans l'espace. Déguisée en Cupidon aux petits seins nus, elle doit décocher une flèche dans le cœur d'un couple d'amoureux… jusqu'au jour où le filin d'acier se coince. Perdant l'équilibre, elle se rattrape au fil, trois mètres au-dessus d'un public indifférent au danger, hilare et vociférant devant ses contorsions qui la déshabillent de plus en plus.

En même temps, elle devient l'habilleuse de la troupe ; l'interprète principale la prend en affection et fait office de maman les jours de solitude aiguë. Après les villes du Nord – Detroit, Chicago –, celles du Sud – New Orleans, Atlanta, Baton Rouge – sont traversées avec appréhension. Toilettes, restaurants, bus, lieux publics y sont fréquemment interdits aux Noirs. Parfois, des pancartes avertissent : INTERDIT AUX JUIFS, AUX CHIENS ET AUX NÈGRES. À peine les Noirs d'Alabama, du Mississippi, de Géorgie avaient-ils ouvert les yeux sur le monde qu'ils devaient les baisser devant le premier Blanc venu. Des mois et des mois de tournée entre peur et excitation : les petites chambres d'hôtel partagées à trois ou quatre, la tambouille épicée de relents vaudous, les trains de nuit glacés… Et son corps qui acquiert çà et là quelques rondeurs. Un jour d'avril 1921, la troupe se dissout à Philadelphie. Dans la même ville, au même moment, un spectacle flamboyant se prépare à rejoindre New York. Cette comédie musicale s'appelle *Shuffle Along*. À lui seul, ce nom constitue un éloge de la nonchalance des Noirs, et pourrait se traduire par « On n'en finit pas d'aimer se traîner… ». On n'a jamais vu ça, une troupe entièrement et exclusivement noire à Broadway, dans un spectacle écrit, composé et mis en scène par un duo de Noirs, Noble Sissle et Eubie Blake. Comme il était d'usage, la comédie musicale s'était rodée dans d'autres États, avant de parvenir à Philadelphie. Des ajustements restaient à faire et quelques petits rôles étaient à pourvoir, mais deux mots prononcés par Noble Sissle arrêtèrent net Joséphine dans sa tentative d'audition, deux mots rédhibitoires : « Trop jeune ! » « Mais j'ai 17 ans ! » mentit-elle en vain.

En quelques mois, *Shuffle Along* connaît un succès phénoménal. Pour répondre à toutes les demandes des villes, une troupe bis est constituée. Du haut de ses quinze ans, Joséphine retente sa chance et se voit octroyer la fonction d'habilleuse. Sa volonté et son intuition la poussent alors à apprendre tous les chants et toutes les danses du chorus au cas où… Parmi toutes ces girls, se dit-elle, il y en a bien une qui finira par tomber malade ! Elle se sent prête, ivre et sûre d'elle, chaque parcelle de son corps bouillonnant à l'idée de monter sur la scène, nombril du monde, terre promise aux phénomènes artistiques. Le seul endroit qui vaille, c'est ce halo de lumière qui divinise la chanteuse ou la danseuse. Si elle est talentueuse, rien ni personne ne peut atteindre ce jeune cœur qui battra toute sa vie pour la scène. Oh ! petite enfant de la balle de l'autre côté de la terre, née à l'autre bout du XXe siècle, jeune fille qui n'était pas encore ma mère et ne le serait jamais devenue, peut-être, si une vie n'avait pris racine dans le ventre d'une danseuse de la troupe à ce moment-là.

Voilà qu'un soir, une girl désarticulée, prise de vertige, titube sur la scène. Elle a dissimulé sa grossesse autant qu'elle a pu, et maintenant la vie s'éveille furieusement en elle. « Mais non, ce n'est pas une si terrible catastrophe, monsieur Mayer [manager de la troupe], implore Joséphine. J'ai appris toutes les danses et tous les chants… Je sais que je peux le faire, je vous en prie ! » « Hum… Bon, après tout… On n'a plus le choix ! Mais avant ça, remplumez-la, je veux qu'on voie des fesses et des seins ! Et nom de Dieu, blanchissez-la aussi avec de la poudre de riz… Et beaucoup de poudre ! Quant à toi, fillette… » Nul besoin de conseils, non plus. Le lien éternel et inoxydable entre un artiste et son public va, quelque part dans le monde, se nouer. Le lendemain, aux louanges habituelles consenties par les critiques s'ajoutent l'espièglerie, le sens incroyable du rythme, la drôlerie irrésistible de « la jeune fille qui louche » – elle utilisera très longtemps ce « jeu des yeux » qu'elle cultivera jusqu'à Paris. Du jour au lendemain, elle devient l'attraction visuelle du spectacle, le clown exubérant qui saborde la mécanique huilée du show. Elle éclipse les artistes de la troupe et autres girls du chorus qui, de dépit, ne tardent pas à l'appeler « le singe ».

Désormais, jour après jour, elle va roder la rampe de lancement qui la propulsera, deux ans plus tard, vers Paris.

En attendant, c'est le défilé des villes plus ou moins grandes, et on demande maintenant, au guichet de location, s'il y a bien dans le spectacle constitué à l'origine « la petite girl qui louche ». À Broadway, la troupe numéro un en est déjà à plus de cinq cents représentations lorsque les créateurs de la comédie musicale entendent parler de ce phénomène. Ils veulent voir Joséphine et se retrouvent nez à nez avec celle qu'ils avaient refoulée. Elle croyait alors qu'elle était trop maigre et trop noire, mais Sissle lui répète affectueusement ce qu'il lui avait dit par le passé : la loi défendait d'embaucher un jeune de moins de 16 ans dans l'État de New York. Ça tombe bien, elle a dépassé cet âge depuis un mois : nous sommes en avril 1922. Dorénavant, Joséphine touche près de 50 dollars par semaine et ne quittera plus la troupe. Buffalo, Grand Rapids, Atlantic City… partout, *Shuffle Along* fait un malheur, et, tout en donnant plus de dix représentations par semaine, Sissle et Blake mettent au point leur prochain spectacle, *Chocolate Dandies*. La troupe se multiplie par deux, les décors s'additionnent. La première a lieu à New York. Joséphine paraît, tantôt en fourreau de soie fendu, tantôt en jeune fille simplette, le visage peint outrageusement en noir, des chaussures démesurément grandes, une robe étriquée avec d'immenses nœuds, et son répertoire de grimaces. Mais pour une partie de la critique, la sophistication de la revue agace, la magie noire s'est évaporée et un art trop sucré a remplacé le fourre-tout naïf et génial de *Shuffle Along*. Joséphine aura bientôt 18 ans, et c'est le moment où le destin frappe encore une fois à sa porte.

Quelqu'un lui tend une lettre. On lui propose un engagement pour le Plantation, le cabaret de Broadway où se produit Ethel Waters, la grande interprète de *Stormy Weather.*

À New York, elle habite une petite chambre dans le quartier de Harlem. Dès que l'occasion se présente, elle parvient à se faufiler dans les coulisses du Cotton Club, le grand cabaret rival qui palpite toutes les nuits près de son immeuble. Elle y découvre Duke Ellington, Cab Calloway, Louis Amstrong. Ni eux ni elle ne savent qu'ils vont tous devenir célèbres. Au fil des représentations au Plantation, ses expressions, tour à tour simiesques ou spirituelles, se gravent dans l'esprit du public : en solo, elle propose une danse indisciplinée, totale, soumise à une vibration intérieure qui commence à fasciner. Son charleston tout en trémulations aimante les yeux et résonne dans les tripes des spectateurs. Presque inconsciemment, elle développe une singularité corporelle.

Puis, un jour de 1925, après avoir poussé les portes du Plantation, c'est la France qui vient à elle, sous les traits d'une *high yellow* qui parle parfaitement le français, bien qu'elle soit née à Chicago. Elle s'appelle Caroline Dudley, et restera mariée à l'écrivain Joseph Delteil jusqu'à la mort de ce dernier. Mandatée par le directeur du théâtre des Champs-Élysées, elle est à la recherche d'une vingtaine d'artistes de couleur pour les ramener avec elle à Paris. Elle fait son « marché » entre Harlem et Broadway. J'imagine les grands yeux veloutés de ma mère, jeune fille, s'écarquillant devant ce nom : « Paris… France ? – Yes, France ! » L'apparition raffinée la laisse réfléchir, elle reviendra. Et lorsque Caroline Dudley réapparaît devant elle, elle lui propose 150 dollars par semaine – une fortune. « Et si on ne m'aime pas là-bas ? – On vous aimera… » Pendant des jours, la jeune fille hésite encore. Au tréfonds d'elle-même, elle a peur et elle est prodigieusement excitée ; elle a peur, mais elle est prête : une voix lui susurre que la longue route américaine s'achève ici. D'ailleurs, découpée dans le soir, la statue de la Liberté n'abaisse-t-elle pas maintenant son bras vers l'horizon ? Cependant, la bonne fée franco-américaine devra la payer non plus 150 dollars par semaine, mais 200. Caroline confiera à Joseph Delteil, son mari : « Lorsque j'ai vu Joséphine la première fois, elle se détachait du chorus des girls comme un point d'exclamation… »

Le paquebot *Berengaria* arrive à Cherbourg le 22 septembre 1925… C'est l'aurore. Il pleut sur le Cotentin. La troupe de la *Revue Nègre*, baptisée les Black Birds, découvre l'ancien monde comme les autres émigrants, accoudés au bastingage du navire. Je suis allé plusieurs fois à Cherbourg. J'ai vu la rade, le chenal qu'elle emprunta sur un petit bateau de débarquement, la somptueuse gare maritime tout Art déco, classée au patrimoine de l'Unesco. J'ai imaginé, au cœur de ce monument intact, ses premiers pas sur le sol français. Plus tard, elle se rappellera : « Je suis arrivée à Cherbourg, il faisait gris et moi je m'attendais, après la dure Amérique, à ce que tout soit bleu et doré dans le ciel et sur la terre… Je me suis dit : "C'est cela la France… C'est cela !" »

Venu les accueillir à la gare, André Daven, le directeur du théâtre des Champs-Élysées, écrira un jour : « Ce matin de 1925, il pleuvait. La gare

Saint-Lazare déversait son flot quotidien de banlieusards tristes et pâles. Subitement, les voyageurs affairés se figent sur place. Sur le quai, descendant du train, un petit monde agité, bruyant, multicolore, porteur d'instruments bizarres et qui rit aux éclats. Des jupes rouges, vertes, safran, des blue jeans framboise, des chemises à larges damiers ou à pois ensoleillaient soudain la grisaille. D'invraisemblables chapeaux crème, orange, coquelicot surmontent trente visages d'ébène aux grands yeux rieurs et turbulents. Sous un bibi extravagant, en salopette de jardinier à carreaux noir et blanc, une jeune femme longue et souple se détache du bariolé et s'avance vers nous : *"And so this is Paris !"* s'écrie-t-elle. Ce fut la première phrase de Joséphine Baker avant la conquête… »

Toute la petite troupe habite dans un hôtel loué rue Campagne-Première, juste au-dessus d'un Montparnasse en ébullition permanente. Au début des « années folles », Paris est une fête incessante. L'atmosphère est saturée d'explosions artistiques, de scandales, de nouveautés et d'audaces. Les grands mouvements se télescopent, se bousculent et se succèdent avec frénésie. Dadaïsme, surréalisme, futurisme... De Montmartre à Montparnasse, les artistes de toute l'Europe ont trouvé leur terre d'élection à Paris, capitale du monde. La « génération perdue » des écrivains américains – Fitzgerald, Hemingway – a jeté l'ancre à la Coupole et au Select. Plus loin sur le boulevard Montparnasse, les murs du Dôme et de la Rotonde sont festonnés de peintures que des artistes désentoilent au gré des jours maigres ou fastes. Paris ne connaîtra jamais plus ce temps de grâce artistique. C'est dans ces décors aux éternelles attentes que ma mère, petite danseuse à la gestuelle éclatée, envoûtante et ludique, va devenir, en une seule nuit, un tanagra paré de mille noms et de mille légendes.

Le 2 octobre 1925 demeurera un jour à marquer d'une pierre blanche et noire.

Outre la célèbre affiche de la *Revue Nègre* croquée par le grand Paul Colin et placardée aux quatre coins de la capitale, la rumeur s'est propagée depuis plusieurs jours parmi les affamés de sensations. À minuit, le Tout-Paris a littéralement envahi le théâtre des Champs-Élysées. Il y a là Fernand

Léger, le pape du constructivisme, les peintres Van Dongen, Picabia, les musiciens Darius Milhaud et Francis Poulenc, les poètes Robert Desnos, Blaise Cendrars, Jean Cocteau – qui reviendra cinq fois –, René Crevel – qui s'abonnera pour les sept semaines de représentations. Se pressent autour d'eux toute une bande de génies en devenir et de ratés impénitents, de « cocottes » et de femmes du monde, de gigolos et de « baise-maman », qui forment un brassage cosmopolite dans le temple architectural de Perret, au milieu des sculptures d'Antoine Bourdelle et des fresques de Maurice Denis.

Joséphine a 19 ans, et déjà des années de métier derrière elle. Bien sûr elle n'a jamais joué dans un théâtre aussi beau, devant une assemblée aussi prestigieuse, mais tout ce qu'elle a coutume d'extérioriser et de reproduire devant un miroir se trouve définitivement en elle, dans ses jambes, ses fesses, ses joues et ses yeux, prêt à se projeter, se cambrer, se gonfler et rouler dans une parodie primitive, ludique et orgasmique. Sur scène, rien n'est étudié, mais tout est appris. Elle a déjà connu ça dans d'autres théâtres ; dans la houle invisible qui se meut derrière le rideau, il y a toujours un front enclin à se dresser avec hostilité et défi. Elle sent qu'elle doit soulever de puissantes vagues d'enthousiasme avec la nouveauté étincelante de son corps en action. Un instinct phénoménal, proche de l'animalité, l'alerte. Les animaux, justement ; ils gravitent autour d'elle et en elle. Ceux du zoo de Saint Louis, si minutieusement observés lorsqu'elle avait sauté par-dessus le mur avec les gamins de son quartier : kangourous, singes, panthères, coqs de bruyère, dont elle a capté les expressions et les particularités. Mais la pauvreté et les rats de Bernard Street, sa rue, l'obsession d'un charbon chapardé sur les trains pour se chauffer, le petit peuple des copains demeuré dans le lait noir de la misère ne sont plus là. L'enfance s'est désépaissie jusqu'à la trame. Un vide nécessaire s'accomplit. Joséphine est parfaite, légère, fluide. Elle trépigne en souplesse, jette de droite et de gauche ses jambes de flanelle pour les décontracter. Si le spectacle était filmé avec les possibilités qu'offre le matériel moderne, on n'aurait nul besoin de ralenti ou d'accéléré. Lorsque son corps le commandera, chaque mouvement opérera l'illusion de ces procédés cinématographiques. Tous les autres sont déjà entrés en scène. Sidney Bechet, qui sera toujours un ami fidèle, a tiré de sa clarinette une mélopée extraordinaire de mélancolie et de douceur. Maintenant, c'est Maud de Forest, la « mama » du blues, avec son chorus de voix nonchalante s'incarnant dans le naturalisme d'un Sud profond, qui déchire le cœur du public. Derrière elle, immense, le décor représente deux bateaux à roues – des steamers – remontant le Mississippi. C'est au tour de Joséphine. Dans un instant, elle aura instillé dans l'esprit des spectateurs une vision à la fois électrique et ensorcelante. Le célèbre critique Pierre de Régnier, sous le choc de son apparition, écrira : « Vêtue d'un caleçon en guenille et marchant sur les genoux pliés, elle se contorsionne, se désarticule, gonfle ses joues, tend ses fesses ; elle louche et fait le grand écart, avant de repartir à quatre pattes, le derrière en l'air, plus haut que la tête... Est-ce un homme, est-ce une femme ? Ses lèvres sont peintes en noir, sa peau est couleur de banane, ses cheveux déjà courts sont collés sur sa tête comme si elle était coiffée de caviar, sa voix est suraiguë, elle est agitée d'un perpétuel tremblement, son corps se tortille comme celui d'un serpent, ou plus exactement il semble être un saxophone en mouvement et les sons de l'orchestre ont l'air de sortir d'elle-même. »

À la fin du spectacle, une tout autre Joséphine réapparaît au milieu d'une ambiance cabaret charleston. Elle exécute sa « danse sauvage » avec son partenaire Joe Alex, géant noir, torse et jambes nues, luisant comme un miroir, arborant des colliers de perles. Joséphine est nue à l'exception d'un collier en plumes bleues et rouges autour des reins et des chevilles. Un cri d'admiration parcourt la salle. Elle s'enroule d'abord autour du corps noir et musclé. Puis Joe pose ses deux mains autour de sa taille, la soulève au-dessus de sa tête… Le corps de Joséphine se met alors à trembler comme s'il était secoué par un orgasme. Puis, après avoir donné l'impression de ne pouvoir maîtriser ses pulsions sexuelles, il se fige, définitivement, dans l'air. Pendant un instant, le public reste interdit, frappé de stupeur.

Le lendemain, les critiques déclarent : « La Vénus noire est à Paris. » Dorénavant, Joséphine s'articulera dans la mémoire de ce tout premier public comme une apparition extravagante, bouffonne, inqualifiable, et toujours magique.

Il n'existe aucune archive de cette nuit mémorable gravée dans la légende de Paris. Toutes les intuitions sont recevables, mais voici ce qu'en a dit quelques années plus tard à un journaliste l'intéressée elle-même, tout en espièglerie, en malice et en rires. Son ressenti subjectif du début du spectacle détonne quelque peu avec le scandale frénétique et joyeux qui clôt la représentation.

« Dès que l'ouverture du rideau s'est faite, j'ai senti dans la salle qu'il y avait les "pour" et les "contre". Ça ne m'étonnait pas, j'ai tellement connu ça en Amérique… Mais j'étais déjà sur scène et j'étais là pour danser. Alors j'ai commencé, et tout d'un coup ça a grondé dans la salle… Oh ! là ! là ! Il y avait des gens qui criaient, c'étaient ceux qui ne voulaient pas admettre la nouveauté. Ils criaient ensemble : "Assez… Remboursez !" Alors plus on sifflait, plus je me donnais… Et bientôt, il y a eu des vagues d'acclamations qui passaient par-dessus les sifflements... Alors moi je dansais de plus en plus, je tournais, je dansais ! Oh ! là ! là, qu'est-ce que je dansais ! Et finalement, je suis tombée sur la scène, je n'en pouvais plus. À la fin du spectacle, dans le bruit des acclamations, il y a eu encore quelques sifflets. Et alors notre pauvre machiniste américain, qui est gentil comme tout et qui croyait en entendant les sifflements que c'était finalement un grand succès, parce que les sifflets en Amérique ça veut dire qu'on aime, a commencé à tirer le rideau et à l'ouvrir au son de l'orchestre. Il l'ouvrait, il le tirait, il l'ouvrait de nouveau... Finalement j'ai retrouvé mon pauvre garçon enveloppé dans les cordages, il n'en pouvait plus avec ce rideau... Moi j'étais par terre, épuisée... De grosses gouttes de sueur coulaient sur le visage des musiciens qui n'en pouvaient plus... Enfin c'était quelque chose d'épouvantable... Je regardais en coin le visage du directeur, et je croyais qu'il me disait : "Eh bien, ma petite fille, je crois qu'il faut repartir demain." Et moi j'étais désolée parce que j'aimais déjà tellement Paris... Toute la troupe pensait que c'était un terrible échec, mais finalement c'était le plus grand succès qu'on ait jamais connu[1] » !

Une fois la conquête acquise et installée, en quelques mois tous les Paris l'adoptent : le Paris populo, mi-arsouille, mi-gouailleur, qui l'appelle affectueusement « mon p'tit chou », « Fifine » ou « Cocotte » ; et ce Paris pauvre des soupes de quartier et des vieux, qu'elle réconforte et embrasse à tour de bras, après la scène ; et tous les Paris qu'elle va découvrir lorsque, après la rue Campagne-Première, elle habite un minuscule hôtel tout blanc, tout propret, rue des Batignolles, puis un petit appartement, rue Henri-Monnier, au pied de la butte Montmartre, qu'elle partage avec une girl et Maud de Forest, la chanteuse de la revue.

Deux ans plus tard, en 1927, rue Fontaine, elle fait danser le charleston à des milliers de noctambules dans le cabaret qui porte son nom en néon

1. Cité dans l'émission *Joséphine Baker, la Tribu arc-en-ciel*, proposée par Janine Marc-Pezet, Radio France Sud-Ouest, 25 décembre 2006.

rose : Chez Joséphine. C'est plus fort qu'elle, elle aime les gens et la danse, jusqu'à l'ivresse… Après le spectacle, elle se donne encore au Bal Nègre, rue Blomet, jusqu'au bout de la nuit, pour un public improvisé et pour elle, sans retenue et sans fin… Comme si elle vengeait son enfance en brûlant sa jeunesse dans une fête de tous les instants.

Sa parenthèse enchantée entre les deux guerres dure plus de dix ans. Tour à tour, elle est « l'enfant gâtée de Paris », comme l'appelle Pierre Lazareff, le fondateur de *France-Soir* ; la muse aux mille noms, Vénus Noire qui hanta Charles Baudelaire ; « l'idole d'ironie et d'or » décrite par Jean Cocteau ; « l'oiseau des îles » d'Anna de Noailles, qui s'exclame en l'entendant chanter la première fois : « Et en plus, elle a avalé des rossignols ! » ; l'inspiratrice du premier mobile de Calder ; le modèle des peintres Domergue, Van Dongen, Picasso. Erich Maria Remarque, Paul Morand, Ernest Hemingway (avec lequel elle dansera « nue sous son vison » – c'est lui qui l'a affirmé – au Jockey Club boulevard Montparnasse), Joseph Delteil parlent d'elle dans leurs livres. Elle descend tous les grands escaliers de tous les temples du music-hall parisien : Folies-Bergère, Casino de Paris... Elle devient, peu à peu, avec Mistinguett la plus grande meneuse de revue que la France ait connue. Toutes les femmes veulent se coiffer comme elle, à la garçonne, casquée de cheveux courts. Elle est aussi la femme la plus photographiée, la plus reproduite en dessins, affiches et caricatures dans toute l'Europe. La France l'a découverte, éduquée ; ce pays a façonné son talent dans tous les domaines : chansons, comédies musicales et quelques films au cinéma. Elle se sent une fille de France de toute son âme. Dès qu'elle le peut, elle prend la nationalité de son pays d'adoption en attendant de lui témoigner sa reconnaissance.

Après l'ivresse et la fête de toutes ces années folles, le tragique de la guerre lui fait face. C'est le moment de prouver à la France qu'on lui doit tout.

En 1939, au premier jour de la déclaration de guerre, elle est possédée par la fièvre des émigrés ; la reconnaissance... Toujours la reconnaissance !

« La France, dira-t-elle, a fait de moi ce que je suis. Je suis prête aujourd'hui à lui donner ma vie. »

Le roman de sa guerre débute fin 1939, à Beau-Chêne, le petit manoir qu'elle a acquis au Vésinet, dix ans plus tôt. Dès l'entrée en guerre, par l'intermédiaire de Daniel Marouani, le frère de son imprésario, elle offre ses services au sein du Renseignement français. Daniel Marouani, qui a déjà rejoint ce service, parle d'elle à un jeune officier, le capitaine Abtey. Ce dernier cherche des agents bénévoles. Joséphine a 34 ans. Assise dans le salon, elle resplendit sans avoir à user de son magnétisme. Son sourire légendaire, petit croissant immaculé, se fige dans la solennité de l'instant. Elle boit les paroles de celui qui va devenir son patron durant toute la guerre, le colonel Paillole, l'un des chefs du Deuxième Bureau.

« Mademoiselle Baker, forte de votre notoriété, vous aurez pour mission de glaner des informations, notamment au sein de l'ambassade d'Italie. Il vous faudra ouvrir toutes grandes vos oreilles, nous informer, s'il en est fait mention, des desseins de l'armée allemande… Et bien sûr, être attentive à tout propos sur l'éventuelle entrée de l'Italie dans la guerre. Si vous menez à bien votre mission, je vous assure que ce sera un beau début comme "honorable correspondante"… »

La voici acceptée comme agent de renseignement. Sa force de conviction et la puissance intérieure de son patriotisme ont eu raison des quelques hésitations provenant de la direction du bureau. En effet, les chefs du renseignement avaient encore en mémoire le destin tragique d'une autre artiste, grande espionne, qui avait mystifié son monde durant la Première Guerre mondiale. Née en Hollande, Margareta Zelle, plus connue sous un nom au parfum exotique, Mata-Hari, par haine des Anglais, s'était mise au service des Allemands en 1917. La même année, elle avait été fusillée au fort de Vincennes.

On est au début de la « drôle de guerre ».

Joséphine chante avec d'autres artistes, dont Maurice Chevalier, pour les soldats, sur la ligne Maginot. Tout le jour, elle se dépense sans compter, préparant les colis, les lettres pour ses innombrables filleuls de guerre. Le soir, elle brille au théâtre ; dans les soirées, toutes les portes s'ouvrent devant elle, et elle « ouvre ses oreilles » dans les ambassades. Quelque temps après, c'est l'enfoncement du front. Le 1er septembre 1939, l'invasion de la Pologne déclenche la Seconde Guerre mondiale ; neuf mois plus tard, la « drôle de guerre », la Blitzkrieg (« guerre éclair »), lancée sur ce pays martyrisé se retourne contre la France et les troupes anglaises massées dans le Pas-de-Calais. Le mois de mai voit la percée inimaginable des blindés allemands à travers la forêt des Ardennes, vers Sedan.

Au mois de juin, l'exode jette sur les routes des millions de Français incrédules. Joséphine est convaincue que « les États-Unis interviendront et [que] nous gagnerons la guerre… ». Gaulliste de la première heure (Mme de Gaulle la surnommait affectueusement « sale petite gaulliste »), elle le restera toujours.

Après la débâcle, elle regagne le château des Mirandes, comme l'appellent depuis toujours les gens de là-bas – ne parvenant pas à prononcer correctement les *r,* ma mère a rebaptisé le domaine

« les Milandes ». Elle l'a loué deux ans auparavant et le meuble peu à peu. S'y cachent déjà un officier de marine, un capitaine d'aviation, un Polonais. Quatre jours après l'armistice, ils entendent à la radio la voix d'un homme, le général de Gaulle, qui invite tous les combattants à refuser la défaite.

En décembre 1940, Joséphine rejoint le capitaine Abtey, son chef d'opération et son frère d'armes. Son ami pour la vie. L'hiver est si rigoureux qu'elle contracte un début de congestion pulmonaire, ses deux poumons sont voilés. Joséphine s'apprête à quitter le sol français pour un climat plus clément. Forte de sa célébrité, ayant obtenu des papiers parfaitement en règle de l'Office marocain, elle peut traverser le Maroc espagnol sans risques, accompagnée du capitaine Abtey, qui prend l'identité de Jacques Hébert, se faisant passer pour son nouveau secrétaire-régisseur. Direction Casablanca, puis Tanger, où elle arrive en même temps que les Allemands qui viennent d'envahir cette zone dite internationale. Comme à Gibraltar, les profondeurs de la ville recèlent toute une faune polyglotte, suspicieuse, avare de confidences, qui ne se mélange et n'intrigue que pour la faveur extraordinairement convoitée d'un visa. À Tanger, protégée par des Marocains puissants (tel Thami el-Glaoui, le pacha de Marrakech, qui est venu l'applaudir plusieurs fois aux Folies-Bergère) et des amis espagnols, elle met sur pied une petite tournée – toujours accompagnée de sa « couverture », le capitaine Abtey – et rejoint le Portugal, proue du continent pour tous les départs maritimes. Au sein des ambassades d'Italie et d'Espagne devenues des confluents d'informations, elle note des bribes de conversation sur des bouts de papier qu'elle dissimule sous ses sous-vêtements avant de regagner son hôtel. Le capitaine Abtey recopie à l'encre sympathique, sur les partitions de « J'ai deux amours » et « La petite Tonkinoise », les renseignements à destination de Londres.

Juillet 1941, de retour à Marrakech, alors qu'elle déambule dans la *médina*, une douleur sourde lui transperce le ventre. Une péritonite se déclare. À sa suite, et tout au long de l'année suivante, Joséphine va subir des infections successives, une occlusion intestinale, une hystérectomie dégénérée en début de septicémie. Ouvert cinq fois, son corps somptueux est mis à la torture. On lui enlève une partie de l'estomac et de l'utérus ; elle n'a plus la moindre chance d'avoir un jour des enfants. Pendant de longues semaines, elle reste prostrée, les genoux pliés sous le menton, le visage émacié, les os saillant sous la peau. Elle s'abandonne et sombre dans l'aphasie. Entre deux spasmes, en songe, elle revoit son amie Frida Kahlo sur son lit de douleur, le rêve enfui de l'enfantement qui fait pleurer sa peinture. Elle non plus ne connaîtra pas le monde de la procréation. Resteront l'amour infini des animaux… et nous, ses enfants, plus tard.

Un an après sa première entrée en clinique, en juillet 1942, elle est une nouvelle fois opérée. Encore des mois de convalescence où elle frise une embolie.

Le 8 novembre 1942, les Alliés débarquent en Afrique du Nord. Au-dehors, des éclats de balle criblent la façade de la clinique. Joséphine devrait être alitée, à l'abri, mais elle ne peut rester couchée un jour pareil, elle qui a toujours pressenti ce moment ; combien de fois a-t-elle martelé à tous ceux qui perdaient courage au début de la guerre, son petit poing levé en l'air tout en plissant le nez

– l'une de ses expressions typiques –, que les Américains débarqueraient ! Encore quelques semaines et Joséphine, chancelante parfois, amaigrie, mais possédée par la rage de l'action, se met à la disposition du « théâtre des armées », organisation chargée de divertir les soldats. Elle part pour le Moyen-Orient, de Tunis à Benghazi, d'Alexandrie à Jérusalem, Haïfa, Damas, Beyrouth. Elle chante dans des hôpitaux de fortune, prend dans sa main celles des grands brûlés, des aveugles et des amputés. Elle se bat pour que les GI's noirs aient le droit de l'entendre chanter. Vers la fin de l'année 1943, elle repart pour une tournée officielle de propagande au bénéfice des groupes de résistance française en métropole, auxquels seront versées les recettes.

Le premier gala a lieu à Alger, début octobre, en France libre, sous le patronage du général de Gaulle lui-même. À l'entracte, l'officier d'ordonnance du Général lui demande de se rendre dans la loge de celui qu'elle suit depuis l'appel du 18 juin 1940. Lorsqu'elle revient en coulisses, elle tient serrée dans sa main une petite croix de Lorraine en or, cadeau du Général. Deux semaines plus tard, au Caire, dans une soirée de gala en présence du roi Farouk, elle la met en vente au profit de la Résistance française. Prise dans un tourbillon permanent, Joséphine n'a guère le temps de se rendre aux Milandes.

Un jour de 1943, cependant, alors qu'elle se trouve au château, toujours extrêmement fragile et convalescente, deux officiers allemands et une vingtaine d'hommes cernent le domaine ; dans la plus haute tour, une radio de la Résistance, quelques maquisards, des gens qu'il faut faire passer coûte que coûte par-delà les Pyrénées. Joséphine fait face à l'ennemi, visage impassible malgré la douleur, une main crispée sur le pansement du drain ensanglanté qui recouvre son ventre. À quelques mètres du château, dans une ferme attenante, un enfant de 10 ans assiste à la scène. Il s'en souvient jusqu'à aujourd'hui, avec une grande précision. C'est le fils de ma marraine. Les Allemands sont à la recherche d'un certain « Meery ». Ma mère comprend aussitôt qu'il s'agit d'Éloi Mallaury, le père de l'enfant, et les renvoie... à la mairie de la commune : « *Nein ! Nein ! Meery ist nicht hier ! Meery, Castelnaud ! Fünf Kilometer !* » s'exclame Joséphine avec ses rudiments d'allemand.

L'officier la salue en s'inclinant. Le vainqueur singeait encore la galanterie du vaincu, avant le recul général, sitôt le Débarquement. La route de sang passera tout près, dans le Limousin... La division Das Reich, les pendus de Tulle, Oradour-sur-Glane... Les Allemands repartent. En un instant, la Noire américano-française pouvait perdre tout ce que la vie lui avait offert et continuerait de lui donner une fois la guerre finie... Jamais ma mère n'aura été révélée à elle-même avec autant de force et de résolution pour les combats à venir que pendant toutes ces années.

Outre la petite croix de Lorraine, Joséphine obtiendra plusieurs distinctions durant la guerre. On lui décernera la médaille de la Résistance et la croix de guerre avec palmes. Sept années après le conflit, son chef militaire, le général d'aviation Martial Valin, épinglera sur son uniforme de sous-lieutenant des « Filles de l'Air », grade attribué à la Libération, la croix de la Légion d'honneur à titre militaire. À la France agonisant sous la botte de l'occupant, Joséphine aurait donné sa vie.

Le dernier honneur d'un pays, elle y avait contribué aussi.

Que ma présence était encore loin des tumultes de l'existence de cette jeune femme noire ! Elle était condamnée à ne jamais donner la vie, et pourtant elle deviendrait ma mère, dix ans après la guerre.

Ma mère d'état civil, je ne l'ai pas connue. Et mon père a disparu corps et biens dans le brouillard qui enveloppa ma naissance. Après leur forfait, ils se sont évanouis. Dans le miroir des ans, le douloureux mépris accordé à ma naissance s'est effacé, avec une sorte de soulagement, devant la sombre perspective de tels parents. C'est la pauvre et dérisoire consolation de celui qui est abandonné ; mais elle est incommensurable.

Je n'ai commencé vraiment à penser à celle qui me mit au monde qu'après la mort de maman, en 1975. Je venais d'avoir 20 ans et voulais me consoler, un peu, avec des rêves de pureté et de sacrifice qui ne seyaient pas, jusqu'à ce jour, à celle que j'avais vaguement imaginée en prostituée ayant accouché de ce fruit du hasard de père inconnu… moi. Je voulais me représenter maintenant une jeune femme au cœur pur, ne répondant qu'à l'appel de l'amour absolu, et dont la vie, juste après ma naissance, avait été broyée dans l'étau d'une histoire tragique. Je n'allai pas plus loin dans le scénario de son existence ; la mort et l'empathie me convenaient, prêts à durer longtemps.

Mais aujourd'hui, je la sais vieille, solitaire, indifférente… et bien vivante ! Finalement, elle a survécu à tous mes rêves, mais – je ne l'ai appris que par une seule et unique lettre – avec la hantise du qu'en-dira-t-on, qui l'a dévorée comme un chancre. Fille-mère, elle ne réussit jamais à s'émanciper de la honte insufflée par sa famille et l'hypocrisie de la société. Ce qu'en-dira-t-on infiniment plus puissant et dévastateur qu'une seule tentative de pardon ! S'il m'est facile de ne pas pouvoir aimer cette femme que je n'ai jamais vue, ne point la haïr alors qu'elle m'a abandonné demeure un mystère. Encore aujourd'hui. Les jours et les ans, sans doute… L'envie de comprendre son geste s'est tarie. Si la recherche de la vérité n'est plus prête à affronter la cruauté de celle-ci, c'est qu'elle ne veut plus rien faire jaillir de l'oubli, et qu'elle se contente, maintenant, des décombres.

Une seule et triste certitude nous lie. Il ne subsistera plus, au moment de nos morts respectives, que nos deux noms dans un registre d'état civil. Personne ne pourra se douter que nous fûmes seulement deux vies à distance, deux visages côte à côte en noir et blanc, voués au néant de la parole.

Avant de laisser ce fantôme de femme à sa solitude, à la douleur secrète qu'il réveille en moi quelquefois, peut-être dois-je dire comment j'ai retrouvé sa trace. Mais d'abord, j'ai mis en évidence une photo de moi alors que je viens juste d'arriver aux Milandes. Je n'ai pas plus de 2 ans. Je regarde celle que je commence à nommer sans effort « maman ». Elle emmaillote un nouveau petit frère aux boucles noires, aux yeux couleur d'huile sombre, au visage laqué d'une terre ocre qui prend des teintes brunes et sanguines lorsqu'elle est torréfiée par le soleil. Il vient d'Algérie. Épargné, abandonné, rescapé d'une mechta ? On ne le saura jamais. Il se nomme Brahim. Le doigt miraculeux du destin l'a sauvé du fleuve de la violence et l'a jeté dans les bras de maman, le même jour que notre sœur, fille de petit colon et baptisée immédiatement Marianne. Derrière nous, un grand feu brûle dans la cheminée. C'est leur premier hiver aux Milandes. Quant à moi, l'écart d'âge et ma petite taille me laissent supposer que c'est mon deuxième Noël ici. Cette photographie ne devrait me révéler que ce qu'elle montre, mais son importance singulière vient de ce dont elle ne peut témoigner ; avant cet hiver et le précédent, deux années vécues dans une autre existence sans trace. Pour ces deux ans, j'ai un canevas troué d'incertitudes, d'ombres, de quelques éblouissements de vérité aussi...

Mars 1992. Ce jour-là, j'étais resté un long moment sur le trottoir. J'avais pris le temps d'appréhender l'ineffable tristesse qui imprégnait l'immeuble de la DDASS. Verdâtres et grisâtres, de longues traces accumulées par les générations hachuraient les murs, desquels se dégageait quelque chose de désespérant et d'implacable. La bâtisse n'avait certainement pas beaucoup changé depuis ma naissance, mais elle était lardée de sédiments successifs de pollution. Le tout s'incarnait dans l'archive et le besogneux, le règlement à toute épreuve, loin des monuments vénérés par les touristes et dont on lissait régulièrement la peau. Je n'étais pas pressé d'y pénétrer, et j'avais laissé mes yeux errer longtemps autour des fenêtres désertées. Puis l'édifice commença à respirer lourdement, il s'éveillait. J'avais l'impression que ces fenêtres éclairées m'observaient. Évidemment l'immeuble ne bougeait pas, mais quelque chose en moi cherchait à lui conférer une science du temps, comme s'il pouvait renaître à la vie, avec une attention particulière pour chacun de ses « protégés » qui revenait là où avait été décidé son avenir.

À l'intérieur, les murs vert-de-gris exhalaient l'époque ancienne et l'encrier, et pris par cette sensation étrange, j'eus l'impression encore qu'ils me redécouvraient, grandi. On m'installa dans un bureau désert. Il était quatre heures. J'avais deux heures devant moi, enfermé avec un petit dossier. Je pouvais fuir, ne rien vouloir savoir d'un passé qui, malgré toutes les tentatives intellectuelles de le tuer, n'est jamais mort… J'hésitais encore quand la porte se referma derrière moi. Aussitôt un autre silence se fit, plus dense. Je sentis la présence de

« spectateurs », comme si le mobilier sommaire de la pièce était devenu attentif à ma décision. Mon esprit glissait sur une pente irréversible, ne sachant toujours pas s'il partait à la recherche d'une vérité brutale, d'un visage émouvant ou encore du premier jour de ma vie d'adopté. Je posai une main sur le dossier et je sentis chaque pulsation dans ma poitrine se propager jusqu'au bout de mes doigts. Pendant une seconde, j'avais encore le pouvoir d'annuler ce qui m'avait conduit à téléphoner à la DDASS, en mettant l'accent sur l'identité de ma mère adoptive pour tenter de restreindre quelque peu le très long et décourageant délai que cette institution oppose à tous ceux qui veulent « savoir ».

Mais la seconde était passée.

Une médaille ovale et toute cabossée épinglée à une petite photo crénelée, le nom d'une ville, Paris, et un numéro, 272 369, constituent – maintenant je le sais – les seuls témoignages de ma vie naguère. Un garçonnet en barboteuse agite son hochet au-dessus de sa tête au moment où le photographe appuie sur le déclencheur. Il a cligné des yeux et on a l'impression qu'il dort debout. Drapée dans un vieux tablier, chaussée d'espadrilles trouées, une femme à la chevelure laiteuse lui soulève le bras, l'encourage pour qu'il offre son beau petit visage tout rond à l'objectif. J'ai déjà tout imaginé. Au dos de la photo, je lis : Philippe N., Montfort-l'Amaury, septembre 1955. Mon cœur se calme. J'attends déjà maman, je sais qu'elle va surgir au détour de la prochaine feuille. Celle qui me veut joyeux sur ordre, sur cette photo, ne peut être qu'une mère de transition… Ma mère nourricière. Quant à celle qui me donna le jour, pour elle, je fus tout simplement un enfant non visité, dont elle n'a jamais pris de nouvelles.

Au bout d'un moment, une jeune femme pénétra dans le bureau.

« Je me suis permis de vous faire quelques photocopies des lettres que votre mère adoptive a envoyées à l'administration de l'Assistance publique. Nous n'avons pas le droit de donner les originaux, même les lettres manuscrites doivent rester dans les dossiers… J'en suis désolée. Cependant vous pouvez conserver la photo et la médaille. C'est tout à fait personnel. »

Je voulus faire remarquer à la jeune femme, tout aussi gentiment, que les lettres de ma mère, aussi, étaient quelque chose de personnel. Mais je ne dis rien. Une vibration passa sur ses lèvres, des mots s'y regroupèrent et je la devinai sur le point de poser *la* question. Devant elle se trouvait une pièce vivante d'une histoire forgée au cœur des premières lettres qu'elle avait lues (j'en avais l'intime conviction). Mais elle devait être d'une timidité maladive, car elle battit en retraite.

La première lettre venait de Copenhague. La direction du théâtre ayant demandé à ma mère de rester quelques jours supplémentaires, elle proposait au directeur des Centres nourriciers de la région parisienne de changer le rendez-vous du 13 décembre 1955 au 21. Je reconnus tout de suite l'énergie qui parcourait la lettre, la volonté à la fois primesautière et irrésistible qui faisait fondre les plus sévères – elles avaient nourri ma jeunesse en toute circonstance. Chaque mot sonnait et trébuchait avec des contractions uniques jusqu'au destinataire. Pour capter le dynamisme débordant avec lequel elle s'exprimait, il me fallait lire la lettre d'un seul trait telle que je la découvrais – avec le charme candide d'une langue française malmenée dans la joie.

[...] Je me rendrai immédiatement de l'aéroport chez vous car comme vous pouvez supposé j'ai hâte de voir mes deux tout petits bébés, je vous prie de ne pas les laisser adopter par quelqu'un d'autre. J'attends avec impatience à les choisir et les prendre avec moi toutes les deux. Je ne tiens plus en place et je suis sûre que vous êtes aussi heureux pour nous, n'est-ce pas ? Donc cher monsieur je compte sur vous de me les garder toute les deux car je répète que j'arriverai le 21 et me rendrai immédiatement chez vous. Mon mari me dit que c'est mon Noël à moi, et le leur va être en famille, avec leurs petits frères aux Milandes. Selon votre lettre, vous avez des centaines d'enfants. Quel dommage que nous ne pouvons les prendre tous, les pauvres petits. Mon Dieu quelle misère, heureusement que l'Assistance est bien organisées en France. Il y a beaucoup de pays où les pauvres petits sont dans la rue, nous avons déjà adopté un enfant comme cela.

Elle avait signé sa prière ardente « Joséphine Bouillon »...

Ce besoin infiniment touchant de se dire mère, cette constante volonté, par le nombre et l'ardeur à aimer, d'être au-delà de la meilleure d'entre elles forceraient vite mon cœur vierge d'amour.

À la dernière page du dossier, je découvris qu'elle m'avait donné un autre frère, un petit compagnon de route jusqu'à l'éden des Milandes. Il avait le matricule 272 803 et s'appelait encore Julien, Alain, Jean-Claude. Les trois prénoms lui avaient été donnés par l'Assistance ; c'était l'usage pour les enfants non reconnus. Il avait un an de moins que moi et il purgeait sa peine dans un autre centre nourricier. Depuis, je sais que l'écart numérique entre nos deux matricules, à un an d'intervalle, représentait, pour une seule année, le nombre de ces enfants de un à dix jours ayant été confiés à la tutelle de l'État.

*

* *

Le mystère demeure sur la véritable rencontre entre la chanteuse et son chef d'orchestre… ma mère et mon père.

Je ne parle pas ici de la première fois où ils se virent. Avant guerre, les artistes finissaient toujours par se croiser dans un studio d'enregistrement, un théâtre, un restaurant ou une ville. Ils se saluaient sans se lier pour autant. En octobre 1944, deux mois après la libération de Paris, Joséphine, qui connaît de réputation l'orchestre où joue Jo, mon père, entraîne ce dernier dans le sillage des troupes alliées afin de chanter pour les prisonniers. Peu à peu, leurs affinités réciproques ne font de doute pour personne.

Né à Montpellier en 1908, mon père et ses deux frères, Georges et Gabriel, baignent très tôt dans une ambiance musicale. Sous la férule de leur père, Jean Bouillon, professeur au conservatoire de Montpellier, les trois frères travaillent sans relâche et obtiennent un premier prix de violon au conservatoire de Paris. Tandis que mon père s'oriente vers le jazz symphonique, Georges, le plus laborieux de la fratrie, devient premier violon aux Concerts Pasdeloup ; Gabriel, lui, hédoniste et mondain, sera l'ami des plus grands musiciens : Stern, Menuhin, Rostropovitch, Boulez...

Entre Joséphine et Jo, il n'est pas encore question d'amour. D'ailleurs, sera-t-il jamais question de véritable passion amoureuse, avec son lot de serments d'éternité ? Le quatrième mariage de ma mère ne reposera-t-il pas plutôt sur un amour « raisonnable » ? Chacune à leur façon, ses trois précédentes unions ont préparé l'avènement de la raison amoureuse et la volonté partagée de bâtir quelque chose d'exemplaire ; un petit royaume de tolérance, à l'intérieur duquel surgira un exemple d'humanité.

Des deux premiers mariages, on ne sait pas grand-chose : comme deux livres qui se sont refermés trop vite. À cette époque, malgré l'âpreté quotidienne de la vie, ma mère n'est encore qu'une toute jeune fille qui ne demande qu'à rencontrer l'émoi amoureux et à être transportée dans l'univers inviolable qui unit un homme et une femme. En 1919, à 13 ans révolus, elle se lie avec le jeune Willie Wells, de trois ans son aîné. La loi du Missouri l'autorise à se marier. C'est aussi l'occasion pour elle d'échapper à l'emprise de sa mère, qui a dû sacrifier son ambition de danseuse pour l'élever seule. Le visage de sa fille lui rappelle l'homme qu'elle aime toujours et la plonge dans un bain d'amertume, voire de jalousie hargneuse.

J'ai du mal à imaginer ma mère tricotant de la layette, mais peut-être se serait-elle « rangée » et n'aurait-elle jamais connu l'aventure de la route si un soir on ne l'avait découverte, une bouteille à la main, devant Willie Wells gisant à terre, le visage ensanglanté. D'une voix atone, elle ne va pas au-delà de cette explication : « Je me suis défendue. » Les seuls mots qu'elle parvient à bredouiller. On n'en saura jamais plus ; mais ce corps à cœur accidentel, précoce et voué à l'échec stimule une quête insatiable d'être aimée – un des codes d'accès à son moteur intime. À ce moment-là, la petite troupe sans prétention des Dixies Steppers, qui va la conduire sur les routes, vient d'arriver à Saint Louis.

En 1921, à Philadelphie où se rode la comédie musicale *Shuffle Along*, un gentil garçon avec des taches de rousseur passe devant ses yeux. Ils se rencontrent dans une *loyer party*. Quand une famille noire avait des difficultés à payer son loyer, elle louait un pianiste, parfois un batteur, et organisait une fête à laquelle tout le monde était convié moyennant une petite contribution. Le « gentil garçon » a 25 ans et travaille à la compagnie des chemins de fer Pullman. Joséphine n'a que 15 ans, mais prend volontiers son nom, Billie Baker, qu'elle ne lâchera plus jamais. Cependant le véritable amour est encore tapi dans une forêt de lumières, de strass, d'émeraudes et de plumes d'autruche, de l'autre côté de l'Atlantique. Il se nomme Giuseppe Abatino, Pépito pour les intimes, œil de velours et mains câlines…

Joséphine est déjà à Paris depuis deux ans lorsqu'elle le rencontre dans un de ces cabarets de Montmartre où de jeunes gandins gominés font danser sur le parquet, glissant comme une promesse furtive, des femmes d'un certain âge. Moustache luisante et monocle distingué, Pépito Abatino se présente comme comte, cavalier hors pair, ancien diplomate ou officier, c'est selon. Il n'en sera pas moins le premier et l'authentique en beaucoup de choses. L'authentique amant pendant dix ans… le premier mentor… « l'homme d'affaires avisé » – il lui souffle l'idée d'avoir son premier cabaret, Chez Joséphine, à Montmartre ; il lance toute une gamme de produits cosmétiques « Joséphine Baker », et notamment la fameuse brillantine « Bakerfix » ; une poupée ceinturée de bananes à son effigie. Il meurt en 1936 d'un cancer. Plus tard, son cœur reposera dans la terre d'un petit cimetière à côté des Milandes. Pépito le Sicilien… L'un des grands amours de maman.

L'année suivante, en 1937, à 31 ans et dans la plénitude de sa beauté, parfaitement « dressée » à l'image d'une certaine France, éduquée et libérée, Joséphine a appris à piloter un avion et sait conduire une automobile. Elle monte aussi à cheval et fait sa promenade quotidienne dans le bois de Boulogne. C'est là qu'elle rencontre un cavalier, fier, beau, jeune, cultivé et riche… comme il se doit dans les contes de fées. Il s'appelle Jean Lion. La même année, ils se marient. Mais passion et mariage font rarement bon ménage. Issu d'une famille d'industriels prospérant dans le sucre, souvent parti aux quatre vents, Jean s'adonne dès qu'il le peut à son loisir favori : renouer avec sa liberté d'ancien play-boy. Et s'il se réveille à côté d'elle, ils ne font que se croiser. Rentrée à l'aube, elle dort encore. L'amour passionné et obsessionnel de la scène, avec ses prolongements festifs inévitables, mais aussi tentateurs, dilue très rapidement la passion amoureuse, écarte de plus en plus la possibilité d'un projet de chair et de sang… Après une fausse couche, la deuxième chance d'avoir un enfant. Éclat après éclat, l'évidence leur ouvre le cœur et les yeux. Ils ne se seront jamais compris, ni vraiment connus. Le couple se disloque et se sépare, mais sans haine. Tout près, la guerre gronde, et la fidélité de maman à la famille de Jean Lion (de son vrai nom Lévy), de confession juive, les protège le moment venu. En 1941, elle les abrite clandestinement aux Milandes qu'elle a louées pendant « la drôle de guerre ». Ils y demeureront quelque temps avant de passer la frontière vers l'Espagne.

*

* *

Une expression colla au sillage de mon père, tout au long de sa vie.

On l'entendait souvent dans les films des années 1930, 1940, et même 1950, lorsqu'on désignait un personnage bon, soucieux des autres, altruiste. Mon père était un de ces « chics types », dénué de la moindre dureté de cœur. C'est ce même « chic type » qui fait surgir, en dix ans, ce qu'il déclare aux journalistes le jour de son mariage avec maman, le 3 juin 1947, devant la petite chapelle des Milandes : « Un village de rêve pour ma femme... »

J'ai en ma possession une seule photo de mes parents à la lisière de ce temps-là. C'est la seule image où leurs yeux brillent ensemble. C'est normal, c'est le jour de leur mariage ! Mon père a 39 ans. Il arbore un costume bleu nuit, une chemise claire, une cravate sombre, une large pochette blanche. Il croise les bras élégamment. La pointe de ses chaussures brille dans le tapis de pétales de rose que l'on a répandus pour la circonstance. Ma mère a les mains jointes sur ses genoux. Elle resplendit dans une robe d'organdi d'une seule pièce, entre le turquoise et le bleu, échancrée sur sa poitrine et bouffant légèrement aux épaules. Une cordelière argentée enserre sa taille. Une grappe de camélias orne le haut de sa robe et un chapeau crémeux flotte autour de ses cheveux ramenés en chignon, comme la mousse d'un nuage. Elle a

41 ans, jour pour jour. Les yeux sont moins charbonneux que le velours épicé des années folles, mais son regard reflète une extase tranquille et apaisée…

Pendant un instant, leurs cœurs battent parfaitement à l'unisson lorsqu'ils évoquent notre présence dans ce « village de rêve ». J'en suis sûr. C'est à la recherche de cet instant que, souvent, je suis parti, et que je repars ; pour cela, j'ai un petit dialogue que je me réinvente à partir du cœur et de l'esprit que je leur connaîtrai beaucoup plus tard. Il me semble tout à coup que je les entends ; leurs timbres de voix sont seulement un peu plus jeunes, d'une sonorité fraîche et joyeuse. D'abord, le bonheur fou de maman, avec cette voix de diseuse d'histoire qui faisait fondre le réel, irrésistiblement : « Oh ! Jo ! Ça va être merveilleux à faire une famille ici, dans notre village à nous… Avec des enfants de toutes les couleurs… Chaque continent doit être représenté… Il faudra qu'ils viennent de partout pour recréer cette fraternité universelle dont nous rêvons si fort dans nos cœurs ! » Et lui, emporté par la prophétie de son épouse, lui dont la foi se serait contentée de ce « village de rêve » ouvert à tous, et qui se découvre une âme d'explorateur dans celle de son capitaine de femme, ce père en devenir lui répond, tout de même plus prudent sur les conséquences de la conquête : « Oui, tu as raison, Joséphine… Ils vont être heureux ici… Maintenant, ils ont tout ce qu'il faut pour être heureux. Mais il ne faut pas qu'ils soient plus de cinq ou six, si nous voulons donner à chacun l'amour et l'éducation nécessaires, tu me comprends. Et surtout, je crois, m'entends-tu, il ne faut pas de filles : plus tard, l'absence de liens du sang pourrait être gênante et ne pas réussir à éviter des envies… »

Et ma mère de répéter : « Oh ! Jo, ça va être merveilleux, tu verras… Oui, je te comprends… Je comprends… Je te promets. » Mais l'avait-elle promis qu'elle ne l'écoutait déjà plus. Liens du sang ! Précautions ! Rations d'amour à parts égales ! Quelle signification tout cela pouvait-il bien avoir pour elle ? Dans son insatiable prospection, bientôt, elle n'aurait plus besoin de quelqu'un à ses côtés.

Mes deux sœurs n'étaient pas à la fête de ce programme… Mais elles furent tout autant aimées.

Ma petite rescapée de la guerre d'Algérie arrive la première. Plus tard, on l'installe dans la chambre qui jouxte celle de maman. Ma sœur se lève, se couche et se coiffe dans un océan de rose. Les coussins, les murs, le couvre-lit satiné, les rideaux frangés de la coiffeuse et le pouf d'où elle se mire et ajuste des rubans roses dans ses cheveux baignent dans un univers miniature de vieux rose, de rose acidulé et de rose bonbon. Vers l'âge de 12 ans, j'y connaîtrai mon premier émoi, avec elle, sur le sol rosé... Mais quel sol ! Soyeux comme l'échine d'un chaton, où nos petits corps se contractent dans d'obscurs et irrésolus désirs.

Frère et sœur, mais très jeunes et inconscients de cette appartenance réciproque et sacrée, nous ne nous livrons alors qu'à des simulacres d'enlèvement (elle n'est pas la marquise des Anges, mais celle des Milandes), qui n'ont jamais dépassé les craintes de papa et se sont évanouis du jour au lendemain, ne laissant derrière eux que le sillage d'un sourire.

La benjamine de la famille, elle, est originaire du Maroc. Elle a été baptisée Stellina – « petite étoile » en italien...

Cinq ou six enfants, pas de filles… L'ancre de la sagesse jetée avec l'eau du bain ; malgré la promesse reniée, mon père ne part qu'à la dixième adoption, en 1963. Jusqu'à cette déchirure, je ne nous avais jamais imaginés, huit ou neuf frères et sœurs, ruisselant de larmes, mains tendues, clamant : « Papa… papa, ne t'en va pas ! » Mais il part quand même. Il a 53 ans et a sacrifié toutes ses années « dans la force de l'âge » à ce village qui se referme sur nous. Quelque chose de supérieur lui commande de s'en aller. Peut-être n'a-t-il, à cet instant, jamais été aussi humain ; vivre pour soi, fondamentalement… au risque de décevoir cruellement les autres.

Épuisé par l'instabilité financière des Milandes, ministre des Finances découragé et absent des méandres secrets qui façonnent d'autres projets de sa femme, il a jeté l'éponge. Son plus fidèle ami, l'ancien régisseur de son orchestre, a émigré en Argentine et commence à faire fortune dans la restauration. Il l'y rejoint, abandonnant derrière lui une minuscule maison qu'il avait fait bâtir au cœur du village… le solde de sa vie pour tout bagage.

Trois étés plus tard, il y aura bien un voyage à Buenos Aires… Dans le restaurant de mon père, Le Bistro, un journal prend la photo de tous les frères et sœurs de la tribu arc-en-ciel, réunis autour de leurs parents : maman marque ainsi sa volonté de préserver les liens familiaux. Et puis, il y a surtout des lettres, beaucoup de lettres, à tous les âges et bien au-delà de la mort de maman. Un labeur épistolaire démultiplié, tenace, obsessionnel, peut-être en partie compensatoire. Des encouragements paternels d'une grande lucidité. Mais la distance géographique est implacable… Néanmoins, le rythme de ses lettres fut d'une constance si admirable, si familière, même, que nous prîmes l'habitude d'une présence sans l'effet de la parole.

Mon père a donné son nom à douze frères et sœurs unis pour la vie, dont ni lui ni maman n'ont violé la conscience à coups de ressentiment. Leur vieux conflit d'adultes, perdant de sa force avec l'étendue de l'océan, ne s'infiltrera jamais dans notre jugement à leur égard.

Vers l'âge de 30 ans, avant que le château ne devienne un musée de la vie des morts, j'ai entrepris un retour à la source de mon existence.

Devinant mon émotion, les nouveaux propriétaires me laissent seul à loisir. Livré à un déferlement de réminiscences, je commence par m'asseoir au milieu de l'escalier, à peu près là où, enfant, j'avais éprouvé la douleur bourdonnante du tisonnier en travers de mon dos. Pris dans le tourbillon de la nostalgie, je me mets à respirer le bois à pleins poumons, comme s'il recelait dans ses épaisseurs un vestige de l'intensité de cette souffrance. Je hume partout où je passe la pierre des murs, je cherche désespérément à m'étourdir de mes anciens parfums. De pièce en pièce, je reforme des scènes entières de Noël, d'anniversaires ; je recompose les voix différentes de mes frères. Je réentends l'accent américain de ma tante (façon Mammy dans *Autant en emporte le vent*), la respiration haletante et sifflante de mon oncle.

Arrivé dans le bureau de maman, je revois les fenêtres s'ouvrir et battre violemment à l'extérieur, et sa voix courroucée cingle dans l'espace. Elle est devenue un peu myope et ne saisit pas bien ce qui s'agite entre les arbres. Elle crie au hasard : « Qu'est-ce qui se passe là-bas avec les bêtes ? Laissez-les tranquilles ou je descends tout de suite. » Pendant ce temps, des paons affolés zigzaguent en tous sens, fous de terreur de nous sentir à leurs trousses, prêts à les dépouiller de leurs plumes qui nous regardent comme des yeux. Dans les soubassements, la cave me paraît plus étroite, mais je reconnais l'éternelle odeur de fuite vineuse et de bois en décomposition. Je recule devant les mâchicoulis, aussi monstrueusement hauts qu'avant. Chaque minute qui s'égraine, des sensations, mêlées de joie, de douleur et d'angoisse, sortent d'une cache obscure. Chaque pièce a des légendes, des pages d'enfance à tourner. L'âme retrouvée de la maison écarte des voiles sur les souvenirs les plus confus. Je m'enfonce volontairement à rebours. Par un effort extraordinaire, je parviens à me projeter jusqu'à ce tout petit garçon que j'ai été, un jour. Alors, par ce procédé intense, je comprends ce que je cherche depuis longtemps. La même interrogation m'envahit, obsédante... De tous ces murs familiers au silence trompeur qui se dressent dans la morne et épaisse lumière d'hiver, lequel a entendu parler de *nous* la première fois ?

*
* *

Au début des années 1960, le « village de rêve » voulu et conçu par mon père est achevé. Après avoir exhalé longtemps l'abandon et la ruine, toute chose respire maintenant la pierre fraîche. L'ardoise bien ordonnée en petits rectangles et la lauze taillée à même la pierre, intimement liées dans la rusticité ou la finesse des constructions, se serrent sur les toits et confèrent au village, vu du ciel, son unité aérienne. Certaines maisons ont jailli de terre depuis peu. D'autres, affaissées et inhabitées depuis si longtemps, ont été relevées à l'aide de vérins. Un sang neuf revivifie la terre sur laquelle le village s'épanouit et croît sans cesse. Chaque nouvelle construction a une fonction bien précise au sein de l'ensemble. Logements pour les employés, hôtel, restaurants, poste, musée ont été conçus autour des deux seules fermes que les Milandes abritent. La route a été remodelée et goudronnée jusqu'à la commune de Castelnaud, distante de cinq kilomètres. L'eau et l'électricité ont été installées partout. Le château dévoile à présent une partie de sa nouvelle parure. En quelques années, d'un songe de pierre endormi, est né un coin de paradis ouvert à tous les visiteurs.

Comme des personnages d'histoire que recèlent des bibliothèques interdites aux enfants, la vie de ma mère avant ma naissance se révèle à moi, page après page, au cœur d'un petit musée de cire, façon musée Grévin, dont on vient d'achever l'édification et qui est encore fermé au public.

Intrigué par cette interdiction, vers l'âge de 10 ans, un après-midi, je décide de forcer ce sanctuaire, baptisé le « Jorama » (contraction de Joséphine et du mot « panorama »). Une fenêtre mal fermée et badigeonnée de blanc d'Espagne fait l'affaire. À l'intérieur, l'obscurité est presque totale. Ayant trouvé à tâtons l'interrupteur, malgré la peur des volts, je le relève hardiment. Aussitôt dans la lumière, le silence, le recueillement et la fixité angoissante du décor donnent une grâce raide aux personnages qui interpellent le visiteur. Maman y est partout. Sans la reconnaître toujours, je la soupçonne dans chaque mannequin, à cheval entre la misère et la gloire. Tout d'abord, on l'y voit, petite fille, vêtue de rien et chaussée de feuilles de journaux liées par des bouts de ficelle, elle exhibe un tambourin au-dessus de sa tête : elle danse sur un coin de trottoir de Saint Louis pour se réchauffer et ramener une poignée de *cents* à la maison. Quelques mètres plus loin, à même le sol en terre battue d'une cave, elle a recréé le théâtre de ses rêves à l'aide de vieux rideaux. Des bougies de toutes les couleurs dans des boîtes de conserve offrent l'illusion de rampes lumineuses ; le public est constitué des petits copains du quartier et de ses trois frères et sœurs. Dans une autre pièce, changement d'univers et de pays. Sur l'horizon d'une mer argentée, dans une figure abstraite où s'imbriquent angles et courbes géométriques, on reconnaît un bout de la tour Eiffel, un morceau de l'Arc de triomphe, le dôme du Sacré-Cœur. Et sur cette même mer, on découvre la proue d'un paquebot avec ses cheminées rouges et noires et son nom en lettres dorées : le *Berengaria*. Serpentant entre les personnages, le prolongement de la fillette émaciée dans une femme méconnaissable et féline, presque entièrement dévêtue, allongée sur la branche d'un arbre au cœur d'une forêt primitive et luxuriante, saute aux yeux et à l'imaginaire. Les noms de « Vénus d'ébène » et de « Panthère noire » lui ceinturent les flancs. La première légende de ma mère, née dans ces années magiques, est donnée tout entière à ce petit village du Périgord.

Dans ce temple d'adulation éclairé rien que pour moi, je croise la traversée de la misérable enfant de Saint Louis, son cheminement vers le monde des puissants ; elle s'entretient ici avec des chefs d'État qui sont encore d'illustres inconnus pour le petit garçon que je suis alors : Fidel Castro, Ahmed Ben Bella, mais aussi le général de Gaulle, Hassan II du Maroc. Plus loin, je retrouve Joséphine agenouillée devant le pape Paul VI au cœur du Vatican… La visite s'achève sur un soleil en céramique disposé en hauteur comme un vitrail. Il représente une colline dominée par une grande croix au pied de laquelle ma mère tient par la main des enfants de couleurs différentes… Six à sa droite, six à sa gauche. Tout à l'heure, à la maison, je vais retrouver devant moi une maman au visage vieillissant, doux, pénétré ou sévère, sans soupçonner que derrière ces expressions familières se cache un astre au pouvoir d'attraction irrésistible... Et qu'autour de cet astre tous les gens qui me sont proches au village, dans les fermes, toute l'humanité à ma portée, mais aussi nous, ses enfants, ses plus proches satellites, toutes et tous nous gravitons en petites particules autour d'elle...

Si le village était bien réel, son organisation m'a échappé.

Ce petit monde entreprenant, avec mon père à sa tête, m'était, comme lui, invisible. Cela avait commencé bien avant ma naissance, et dans mes premières années de vie les chantiers en cours semblaient croître pendant mon sommeil. Autour des Milandes, vergers, potagers, toutes sortes d'arbres plantés des années auparavant s'épanouissaient dans la lumière. Au pied du village, l'hôtel baptisé « La Chartreuse » en 1957 (une ancienne collégiale, restaurée de fond en comble) ouvrait ses portes sur une immense terrasse qui dominait une partie de la vallée de la Dordogne. Le « Jorama » était presque achevé. Un peu plus bas dans la rue, sur la place Joséphine-Baker, avec sa fontaine centrale, son petit tonneau suspendu par des chaînes et ciselé de deux mots suggestifs, « Lou Tornoli » (« J'y reviens » en patois périgourdin), s'ouvrait un restaurant long et bas qui désaltérait les visiteurs par milliers. L'inscription JO & JO s'y nichait partout. Assiettes, verres, cendriers, carafons en terre cuite moulés en oiseaux vernissés dont le bec déversait le vin ou l'eau. Une poste miniature s'accoudait à un angle de la place. Un timbre à l'effigie de Joséphine et de Jo Bouillon y était en vente. Au début de l'édification du village, le moins célèbre des deux « Jo » donnait encore sa consistance matérielle à la moindre pierre... L'autre rêvait déjà de l'âme singulière de cet endroit, de sa raison d'être aux yeux du monde.

En quelques années, mon père et ses ouvriers (une trentaine de tous les corps de métier) n'avaient pas chômé. À deux cents mètres du château, une immense ferme toute blanche, bâtie en carré et incomparable à celles qui existaient déjà un peu partout, s'élevait entre deux champs de verdure, la clairière d'un bois et un potager qui produisait en toute saison à peu près tous les légumes qui étaient consommés aux Milandes. Plus de quatre-vingts cochons, des dizaines de vaches laitières, trois percherons, une centaine de moutons et l'éventail complet d'une basse-cour – du dindon glougloutant au jars agressif, en passant par les pigeons ramiers et les canards de Barbarie – peuplaient une cour de plusieurs centaines de mètres carrés. Quelques verrats avaient déjà obtenu des prix dans des foires agricoles et, jour après jour, le lait des vaches limousines se transformait en mottes de beurre, arborant sur leur emballage le célèbre « J'ai deux amours ».

Au bord de la Dordogne, après avoir défriché d'anciens champs de blé, la petite troupe mettait la dernière main à un parc de loisirs hérissé d'une flore somptueuse et envoûtante. Importés de contrées lointaines, des arbres inconnus s'y déployaient dans le ciel. De l'un à l'autre, des branches fines comme des lianes se frôlaient en hauteur, d'autres semblaient retomber sur le sol avec des soupirs. Nombre d'entre eux possédaient de très larges feuilles ovales comme des masques d'émeraude, de violet et de mauve translucide. Lorsqu'une pleine lumière les traversait avec délicatesse, leur ombre irisée tachait le sol de menus diamants. L'été, hérissées de peupliers frémissants, les berges du parc se gonflaient dans une exubérance vert sombre qui ondoyait sur l'eau. Vers la fin du jour, elles s'assombrissaient jusqu'à la confusion, tandis que les dernières teintes japonisantes du parc s'éteignaient une à une. Les couleurs lourdes s'emparaient de la campagne. Dans le crépuscule, des nuages de verdure de plus en plus insondables enveloppaient les bords de la rivière.

Toujours des hauteurs du village, on apercevait une grande flaque bleue en forme de J, immense piscine découverte creusée dans les entrailles de la terre. Au centre du parc, les bâtisseurs avaient construit un théâtre couvert à toit plat – qu'on a toujours appelé « la Guinguette » – où cinq cents personnes pouvaient dîner ensemble, et un autre espace en plein air de huit cents places. Les enfants avaient un petit univers exclusivement pour eux, délimité par un haut portail comme celui d'un ranch de western, surmonté de lettres en bois multicolores : LES GOSSES. Au bord de la rivière, un cabaret en pierre de meulière et au toit chaumé était meublé de tables et de fauteuils en rotin qui faisaient cercle autour d'un piano, d'une batterie et d'une contrebasse. En fin d'après-midi, sous l'ombre du gigantesque saule pleureur qui ombrageait les nageurs de la piscine, je percevais la voix de maman. Je m'approchais et me mêlais à des clients qui ne pouvaient m'identifier. Assis en tailleur sur les tommettes fraîches, je l'écoutais chanter « J'ai deux amours... », « La Tonkinoise »... Parfois, elle s'habillait comme à la scène ; elle brillait dans les mille feux d'une robe argentée et bleutée qui moulait ses hanches et ses jambes avant de s'évaser sur ses pieds comme la queue d'une sirène. Une aigrette en plumes d'autruche bleue et turquoise la couronnait, et, pour un verre de limonade ou de bière, elle chantait pour vous tout seul dans une intimité simple et précieuse.

D'ailleurs elle m'apparaît toujours aux Milandes avec l'impression qu'elle accueillait tout un chacun comme un invité à part entière. Lorsqu'elle descendait la rue du village, on entendait de tous côtés : « C'est Joséphine ! Mon Dieu, c'est elle...

C'est Joséphine ! » Les mains des femmes montaient devant leur bouche comme si elles venaient d'être comblées par la fortune.

La merveilleuse apparition saisissait au hasard des petits enfants que les parents lui tendaient, elle les faisait virevolter dans l'air, comme s'ils étaient les siens. Elle leur susurrait des mots tendres, d'elle seule connus, onomatopées qui ravissaient les attroupements spontanés. Puis elle les embrassait à toute volée avant de les rendre aux bras de leur mère. Celles qui avaient espéré un geste de sa part osaient lui prendre la main, et elle les laissait faire en les remerciant de leur gentillesse, ouvrant ses paumes et son cœur de maman. Alors on avait l'impression que la petite Madone noire sculptée dans une des pierres de la place Joséphine-Baker accompagnait ses pas. Dans le réceptacle de la mémoire individuelle, Joséphine avait étincelé mille fois comme une divinité intouchable. Et tout à coup, elle était devant leurs yeux, extraordinairement simple et disponible. Les appareils photo des visiteurs crépitaient et elle fendait le sillon humain qui se reconstituait derrière elle sans se départir d'un bonheur visible et durable. Dans ces instants, un être accueillait, tout naturellement, d'autres êtres en leur faisant les honneurs de son village.

Un seul jour d'été aux Milandes, dans le cœur du monde…

Après la brume dorée de l'aube qui avait étendu partout la première splendeur, le ciel bleu faisait déjà vibrer la campagne avec les prémices des visiteurs. On voyait de loin la caravane mécanique qui longeait la Dordogne puis gravissait la pente menant au village. Je comptais les voitures par centaines. J'essayais de mémoriser les marques et les sigles : 403 et 404, 203 et DS… Versailles et Chambord bicolores, Ariane, Simca, Panhart… 2 CV et 4 CV… affublées de plaques étrangères, les Opel, les Vauxhall… des Fiat et des Volvo, des Mercedes, des Ford, Austin et Cooper… Le garçon de 12 ans maigre et pâle que j'étais se mêlait aux enfants qui s'extirpaient des véhicules surchauffés en clignant des yeux. Dans la rue, je passais de famille en famille, je voyais maman et elle ne me voyait pas. C'est vrai qu'elle provoquait beaucoup de mouvement autour d'elle : les gens revenaient sur leurs pas, la photographiaient de nouveau. Au centre de cette foule, avec sa peau brune et dorée, on eût dit quelquefois une guérisseuse pleine de drôlerie et de malice lorsqu'elle brandissait les enfants des autres dans le ciel. Sur son passage, les langues du monde faisaient écho à celle de Molière.

Les décors successifs du village tournaient autour d'elle comme un film sur sa vie. Le Jorama, Les Deux Amours, le pigeonnier et la place Joséphine-Baker rythmaient les séquences. Pour le jeune garçon que j'étais, le grand souffle mystérieux de son histoire passait et repassait aussi dans cette rue minuscule. En fin d'après-midi, épuisé d'avoir arpenté des dizaines de fois le chemin qui montait et descendait parmi des milliers de gens, j'éprouvais l'effleurante sensation que tout ce décor se figerait, se lézarderait et dépérirait si maman n'était plus là ; cette prémonition griffait l'allégresse et l'harmonie du jour.

Ces jours d'été, lorsque d'en bas je contemplais la portion de route qui menait vers le château, la rue était si dense que je ne voyais qu'un moutonnement de chemisettes blanches, des robes à volants et à soufflets, des fuseaux et des chemisiers vichy sans manches, des socquettes blanches pour les plus jeunes et des serre-têtes assortis au tissu des jupes ; les pantalons de tergal des hommes tombaient sur des espadrilles, des sandales ajourées en cuir ou en plastique. Lorsque ces derniers s'asseyaient à la terrasse du Tornoli pour se désaltérer, je me glissais entre les tables. J'observais les chevalières en or, les dents argentées dans les rires, les raies impeccables dans les cheveux courts et gominés. Je découvrais les appareils photo, les Voigtländer, les Kodak, les Rolleiflex, laissés en bandoulière ou dans leurs étuis tapissés de feutre rouge ou brun. Pour les enfants, on disposait sur les tablées de grands verre couleur pastel qu'on remplissait de Pschitt orange ou Pschitt citron, de limonade ou de Caco-lac que des garçons à veste blanche et cravate noire décapsulaient entre leurs jambes.

Au fond de la place, on apercevait celle que j'appelais « tantie », la sœur de ma mère. Elle tenait une petite pâtisserie et je la voyais déambuler, son plateau à la main chargé de beignets, marchant pesamment entre les tables ombragées de glycine. Elle servait aussi des parts de « gâteau éponge » (baptisé ainsi parce qu'il s'aplatissait d'une pression de l'index et retrouvait la seconde d'après sa forme initiale), des morceaux de cake noirâtres, épais comme de petites poutres, nappés d'un coulis de citron, et surtout ce gâteau aux noix crépi de chocolat, qui faisait son triomphe et dont elle gardait le secret. Au sein des Milandes, tantie m'était aussi familière que les pierres et les arbres…

C'était peu de temps avant que je commette à son encontre une forfaiture filiale, un péché sans rémission, et, plus que tout, un contresens humain aux yeux de ce que nous représentions.

Ils arrivèrent d'Amérique au début des années 1950 : Carrie, la mère de maman, qui a déjà plus de 70 ans, Margaret et Richard, sœur et frère cadets, et l'oncle Elmo, le mari de Margaret… L'oncle Elmo, avec sa belle gueule métissée de Noir et d'Indien, sa lointaine jeunesse à Des Moines, dans l'Ohio, qu'il entreprend de nous raconter avec une nostalgie entrecoupée de sifflements. Son souffle et ses belles années, on les lui a volés dans une mine de fer.

Première photo de groupe, dès leur arrivée... Dans leur regard ne luit pas cette petite lumière d'espérance fébrile que l'on perçoit chez les émigrants volontaires. Sur les visages d'ébène de Carrie et Margaret, d'un mimétisme parfait jusque dans le scellement appuyé des lèvres – comme si elles redoutaient la trahison de leurs sentiments –, on suspecte l'hésitation refoulée, un regret tardif qui sera remâché jusqu'à la fin de leurs jours. On se demande si le temps et la force de l'habitude auront un jour raison de la vie de là-bas, chiche et grise peut-être, mais qui ne décevait jamais leurs espérances.

Sur une autre photo, maman tient dans chaque bras un bébé. Le visage de l'un des « petits » s'éclaire et, dans la fraction de seconde du déclenchement du flash, des reflets d'or s'y mêlent. La petite tache pâle maintenue par l'autre bras, c'est le visage de Marianne ; Brahim et elle viennent juste d'être adoptés. Maman est surprise, yeux mi-clos, bouche entrouverte dans un grognement joyeux qui provoque le rire édenté de mon petit frère. À ses côtés se tient une femme âgée et sage, mains interminables le long du corps. Son tablier d'intérieur s'efface devant l'imprimé fleuri de maman. Ses cheveux gris sont plaqués et maintenus par un filet, son visage est tourné vers celle qui porte les enfants. À celui qui l'ignore, cette vieille dame passerait aisément pour une fidèle gouvernante secrètement amusée par les enfantillages de sa patronne. Mais c'est bien Carrie, la mère de maman. Aux années françaises qui n'ont rien effacé de son humilité de déracinée s'ajoute une évidence. La gloire de sa fille dans un pays si différent du sien, elle ne la comprend pas, elle ne conçoit pas la possibilité d'un tel virage social et artistique. Et puis, depuis quelques années, il y a aussi cette volonté forcenée d'aller chercher des enfants du monde entier, d'être le thaumaturge de leur destin. Elle semble marmonner pour elle-même, secrètement, à la fois attendrie et perplexe : « À l'âge d'être grand-mère, te voilà en train de construire une pyramide d'enfants… Où cela te mènera-t-il, ma pauvre fille ? »

Carrie ! Mon improbable grand-mère, née au cœur de la Caroline du Sud en 1880, dans la nuit finissante de l'esclavage, et partie trois ans après cette photo des jours heureux. Tu as été ma première morte et mes lèvres ont gardé le goût du dernier baiser que je t'ai donné…

Je distingue encore l'esquisse de ton visage au creux de l'oreiller qui exhale une forte odeur camphrée. Les lourds rideaux grenat ont été tirés, et malgré un rai de lumière dans lequel voltige une poussière dorée, l'obscurité noie peu à peu la chambre. L'un derrière l'autre, les enfants se penchent vers toi. Notre prénom t'est murmuré par maman ; de ses mains, elle accompagne le mouvement effrayé et tâtonnant de chaque corps qui s'abaisse. Quelle différence avec le visage de ta fille ! Ce n'est pas seulement l'âge et le masque de la mort sur toi. Cette énergie, cette force de caractère, cette volonté à toute épreuve de ma mère, quel homme leur a donné vie ? Était-ce Eddie Carson, un *Spinash* (en argot, émigrant espagnol) au teint cuivré, batteur et beau parleur ? À cette époque, à l'âge de 24 ans, tu te risquais dans des petits concours de danse amateur lorsque tu le rencontres. Amoureuse, tu le suis dans des salles miteuses, très vite il t'abandonne… Mais n'aurais-tu pas plutôt succombé au charme d'un beau docteur blanc ? Ta fille ne serait-elle pas née dans une clinique – à l'écart des femmes blanches, bien sûr ? Au moment de mourir, tu te souviens peut-être de la douceur énergique de ses traits, ses yeux clairs, son accent imprégné de réminiscences germaniques. Il accouche ton enfant, et lorsqu'il le dépose sur ta poitrine, il ne peut s'empêcher de demander le prénom que tu as choisi pour ta fille. Ivre de reconnaissance, tu lui murmures : « Josephine… et Freda. » Tu sais que si c'est lui le père, il ne peut reconnaître l'enfant, alors au moins, un prénom allemand, en souvenir ? Mais le bel Eddie pouvait tout aussi bien être ce père, d'autant que la société l'imposait.

Alors qu'il en soit ainsi.

Dans un instant, ce sera mon tour. Tout près de moi, je distingue le visage de maman dans la pénombre de la chambre ; haut, droit, fermé. Elle ne fond pas en larmes… Pas encore. Pleurera-t-elle une fois à l'abri de nos regards ? Je ne le verrai pas. Mais, oserai-je le dire ? Pendant toutes ces années vécues à ses côtés, je ne l'ai jamais vue pleurer... Comme si les larmes de toute une vie avaient été versées une fois pour toutes dans son enfance. Mais dans ce dialogue muet avec sa mère, la petite lumière émancipatrice et décisive de ce passé a peut-être pris le dessus sur toute sa noirceur désespérante. Oui, elle a été souvent mal aimée et repoussée... À tel point qu'elle ne trouve refuge que chez sa tante Elvara, elle aussi mi-Indienne, mi-Noire, femme charismatique possédée par le feu sacré de la foi et le goût des origines. Oui, c'est vrai, pour qu'elle rapporte un peu d'argent à la maison, sa mère l'a placée chez des Blancs à l'âge de 8 ans, et maintenant elle revoit les visages bouffis de cruauté et d'indifférence de ceux qui ont abîmé son enfance et l'obligeaient à dormir dans la cave, sur une paillasse, avec un chien pouilleux pour lui tenir chaud aux flancs et au cœur. Mais dans le défilement de tous ces « maîtres », il y a aussi cette veuve originale et lunatique. En l'emmenant au théâtre, un soir, pour la première fois de sa jeune existence, cette femme ne savait pas qu'elle lui révélerait la vocation instantanée et indestructible de la scène.

Au moment de leurs adieux, dans cette chambre d'un lointain Périgord, ma mère n'éprouve-t-elle pas maintenant une sorte de gratitude – inimaginable alors – à l'égard de sa mère qui lui a ouvert, involontairement, les premières portes vers la renommée ?

J'ai 6 ans et c'est mon tour de me pencher vers toi, Carrie. Je cherche ton front dans le noir, je ne le trouve pas et rencontre tes paupières closes et humides... Closes ! Mon Dieu, est-ce possible... Déjà ? Non, ton doigt a effleuré ma bouche.

*

* *

Lorsque je repense à ma mère et à ma tante Margaret, « tantie », aux Milandes, unies dans un égal bonheur, je les revois, attablées devant un plat qui régénère un lien sacré entre leur enfance et le ventre, l'un ne semblant pas pouvoir s'évoquer sans l'autre. À l'abri du monde, des visiteurs, journalistes, traditions et convenances, elles trempaient leurs mains dans une casserole à même la table.

De la mélasse épaisse qu'elle contenait, elles extirpaient des pattes de poulet et c'était, pour nos yeux d'enfants, un spectacle extraordinaire. Nous nous attendions à découvrir les morceaux d'un ancien gallinacé, mais la sauce blanchâtre n'exhumait que des pattes raides, fossilisées, des peaux écailleuses et boursouflées. Les deux femmes dévoraient avec leurs doigts. Leurs dents désossaient méthodiquement chaque phalange, chaque ergot. Le moindre osselet était broyé et englouti avec toute une variété de bruits. On était à des années-lumière de ces dîners à deux assiettes l'une sur l'autre, avec rince-doigt, trois verres en cristal, trois couverts à droite, trois à gauche, dont maman excellait à se servir. Tante Margaret concoctait ce plat au parfum vaudou, et maman adorait ça. Elle ne tarissait pas d'éloges sur sa sœur chaque fois qu'elle enfonçait ses dents dans les os de poulet ramollis, des « *Mmm... It's really good, sis !* ».

Dans le même temps, les deux sœurs se laissaient aller à une empathie joyeuse, l'avant-bras replié sur la table. Ce frichti misérable et délicieux leur rappelait leur enfance pauvre, vécue dans un pays ségrégationniste. Enfance striée de terreurs, diurnes et nocturnes, d'émeutes raciales, de lynchages. Elles évoquaient les morts, les innocents, ceux qui avaient eu la malchance de se trouver sur le chemin de la haine et de l'impunité. La distance du souvenir faisait valser la cocasserie d'une langue, son argot particulier, une caractéristique physique ou les déboires sentimentaux de ceux qui avaient disparu ; autant d'hommages masqués par de grands éclats de rire. Joies, peurs, surnoms et sobriquets tourbillonnaient dans une centrifugeuse à réminiscences ; tantie redevenait la *sis* (*sister*) de Saint Louis et maman cette petite *Tumpie* (d'après un conte pour enfants, *Humpty Dumpty*, qui avait pour héros un lapin et qu'elle ne parvenait pas à prononcer correctement).

Mais je ne les entendis jamais évoquer en notre présence leur jeune sœur, Willie-May. Hors du fracas joyeux des rires, l'allégresse pouvait flancher brutalement sous le coup de boutoir d'une pensée pénible, pourtant je ne me souviens pas de ce prénom, je ne l'ai jamais entendu dans leur bouche. Comme si, n'ayant pas franchi sa vingtième année, la benjamine reposait dans une douleur codifiée, immarcescible. Willie-May, morte en s'avortant toute seule au fond d'une cour misérable… Petite sœur adorée de maman et qui renaîtra à travers l'histoire de Kott-Kott, petite poule noire et borgne, méprisée de tous, qui trouve refuge et fraternité auprès de la « tribu arc-en-ciel » ; en 1957, un ami de ma mère, journaliste, avait imaginé avec elle ce conte pour enfants.

Autour de la table, il manquait aussi leur jeune frère. Il arrivera plus tard aux Milandes, mais il était présent en son absence dès que nous entendions résonner le surnom mystérieusement beau de « Brother Cat » (frère chat). Un jour, je compris qu'il s'appliquait à l'oncle Richard, petit mâle livré à lui-même dans les rues de Saint Louis.

L'oncle Richard, je l'ai très peu connu. Au village, il s'occupait de la petite station Esso. Il a quitté les Milandes après avoir épousé la postière, une femme plus très jeune, avec des rondeurs et de beaux yeux clairs ouverts sur le plaisir. Je crois qu'il aimait les femmes, l'oncle Richard. Il devait y avoir en lui, depuis l'adolescence, un élan direct et incontrôlable vers ce but. Il se dégageait de sa personne une sensualité tranquille. Sous le T-shirt et le jean, portés un peu à la James Dean, et le paquet de clopes maintenu dans le retroussement de la manche, ses muscles brillaient sans la moindre graisse. Sa fine moustache luisante, ses yeux mouillés de séduction et de timidité concupiscente lui donnaient un air d'adolescent demeuré à jamais sur le pas de la porte du premier désir. Quelque temps après s'être séparé de sa pâmée aux yeux clairs, il s'est marié de nouveau et il a eu une flopée d'enfants du côté de Palavas-les-Flots... des cousins métissés que j'ai à peine vus. Grand procréateur, il a vieilli en patriarche. Heureux, je ne sais pas...

L'orchestre des rires s'est tu depuis longtemps, et la complicité qui unissait les deux sœurs s'est dissipée dans l'éternité. La grande table comme le reste du mobilier ont été vendus aux enchères, et la pièce du château la plus traversée d'émotions, de fureurs et de cérémonials d'éducation est devenue un tombeau qui doit se refermer sans faire de bruit dès le départ du dernier visiteur. Les deux sœurs ne sont plus, et je voudrais rester un peu avec celle dont je fus le plus intime persécuteur. Le temps aura beau s'écouler à grands flots ou avec parcimonie, il ne pourra jamais me laver de cette vieille lâcheté…

Il y a toujours des milliers de femmes, battant dans leurs mains et scandant des psaumes, de l'autre côté de l'océan Atlantique, mais il n'y en avait qu'une capable d'expirer deux colonnes d'une Gauloise bleue, en sifflant d'un seul trait le quart d'une bouteille de bourbon au goulot… C'était tante Margaret, ma « tantie ». La dernière fois que j'ai entendu sa voix, il n'y avait plus de gauloises ni de Bourbon autour d'elle depuis longtemps. Elle me parlait de la Clinique des Roses, sur les hauteurs de Nice. C'était en l'an 2000 et elle avait 92 ans. Elle venait de subir plusieurs interventions et s'affaiblissait de jour en jour. Lorsque je venais la voir, elle s'ouvrait à moi avec une forme de désespoir. Oubliant le lien qui nous unissait, elle me chuchotait des sous-entendus de « complot »… Épargné par la maladie, son esprit avait accumulé tant de frustrations mutiques, de regards malveillants depuis l'enfance, qu'il subissait dans cet enclos le syndrome de la seule Noire parmi les Blancs. Qui n'était pas totalement infondé, eu égard au mépris à peine voilé que lui manifestaient certains infirmiers de la clinique. Certes, la blessure d'origine s'était produite bien des années auparavant, mais comment aurait-elle pu l'oublier ? Lorsqu'elle se promenait avec moi à l'aide de son déambulateur, je remarquais cette attention appuyée qu'on lui portait. Je reconnaissais les marques du dédain sur quelques visages de vieux malades ; une sorte de rictus de supériorité grimait leur souffrance physique. La dernière fois que nous nous sommes parlé au téléphone, sa voix ne pouvait plus dire autre chose que : « Je souffre tellement mon Jean-Claude… Je souffre tellement ! » Je reconnais à peine cette voix, elle est prise dans l'étau d'une douleur terrifiante ; son calvaire la déforme, la tanne, la détruit, il ne subsiste rien de son ancienne force. « Je sais tantie, je sais », c'est ce que je lui ai dit, je crois. Je dis que je sais, mais je ne sais rien. Elle va mourir et elle est seule et c'est maintenant, à cet instant et pas un autre, que je dois le pauvre secours des mots à cette femme disgracieuse, mais toujours bienveillante et protectrice et qui m'a si souvent pris dans ses bras toutes ces années d'enfance et ces longs hivers où maman était partie pour de longues et harassantes tournées. C'est le seul cadeau que je peux offrir à cette autre maman qui me dit adieu dans un gémissement.

Ce jour-là, ma faute très ancienne vient se rappeler à ma mauvaise conscience. Je revois les contours d'un visage lourd et fatigué, la perruque de guingois sur son crâne, ses grosses lèvres en éruption sous la poussée d'un dentier récalcitrant. Tout ce qui m'a obligé à la renier, trente-cinq ans plus tôt, passe devant mes yeux…

J'accomplissais la fin de ma sixième au sein d'un internat qui ne laissait sortir les élèves pour le week-end que le samedi, à midi précises. J'allais sur mes douze ans, mais je ne m'accorde aucune excuse…

C'était un de ces samedis, à midi, donc, dans la cour du pensionnat. D'habitude, le contremaître des Milandes, André Diran, homme d'un certain âge déjà, qui restera fidèle à maman jusqu'au dernier jour, venait me chercher. Avec son vieux chapeau vissé sur la tête, sa démarche chaloupée et sa trogne rougeaude piquée d'un gros mégot éteint au coin de la bouche, il se fondait dans la foule des parents d'élèves. Pour une raison que j'ignore encore, tantie avait fait ce jour-là le chemin jusqu'au collège ; elle dont la peau d'un noir fantastique tranchait de façon spectaculaire avec l'assistance. À cette époque, dans ce petit monde rude et ignorant, l'insolite couleur de ma tante jurait d'une manière trop éclatante avec les autres visages...

Autant dire tout de suite les terribles pensées qui m'assaillent lorsqu'elle apparaît à la lisière du préau bondé. Posté derrière un arbre, je suis déjà convaincu que tous les regards convergent vers elle. Je l'observe à la dérobée. Toutes ses particularités physiques viennent de grossir subitement, comme sous l'effet d'une loupe. Je reconnais la perruque ridicule posée de travers, et cette grosse bouche qu'elle ouvre comme une carpe pour se soulager de son maudit dentier. D'ailleurs, il n'y a plus que ça dans la lumière, une trace noire que tous les yeux suivent avec dégoût. J'attends dans une terreur sans nom les rires et les remarques égrillardes qui vont me lier à elle : « Ah ! Ah ! Ah ! Tu peux sortir de ta cachette, on t'a vu ! C'est bien la peine d'avoir un château si c'est pour habiter avec des singes ! Ah ! Ah ! Ah ! » La paranoïa qui tourne en boucle dans mon cerveau est comme un train qui me fonce dessus ; je ne peux plus rien faire, je ferme les yeux. Alors, en une seconde, les beaux sentiments s'évanouissent. Au diable les liens familiaux, la tendresse et l'acceptation de sa couleur de peau. Je ne sens plus mes ongles enfoncés dans mes paumes ; une pensée meurtrière danse dans ma tête. Puisque par ma seule volonté je ne peux rendre ma tante invisible, j'invoque des forces malfaisantes, d'obscures et troubles puissances du mal. J'adresse secrètement une prière aux marches usées et glissantes du grand escalier qu'elle doit descendre… Ma tante doit vaincre ce péril, presque insurmontable à cause de son poids. Elle hésite un long moment, son instinct suspectant l'âpreté de la manœuvre, mais, comme les bêtes devant la rivière ou pourchassées par l'incendie, elle y est acculée et doit s'y résoudre. J'ai l'impression de la « tenir » par une corde mentale, de jouer à distance avec sa crainte et sa prudence. En rêve, je place un bâton devant son corps pour qu'il trébuche et bascule en avant… Elle vient de poser une main sur la rampe. Elle descend très lentement… Jamais encore je ne l'ai vue parmi tant de visages mariés à la terre, au bétail, à une langue rocailleuse. Pâle comme eux, je suis devenu un autre enfant… L'un de leurs enfants.

J'attends ce cri de toute ma volonté hystérique. Et il me parvient dans un mélange de délice et d'apaisement. Un cri dépecé à vif dans un timbre de voix que personne dans la cour, à part moi, ne connaît. La rumeur générale se ventile aussitôt dans l'espace, et les têtes se tournent vers le corps qui gît en bas de l'escalier. La blouse de ma tante, en nylon jaune pâle, a cédé sous l'aisselle ; son genou est largement ouvert et du sang coule sur sa jambe. Ses épaisses lunettes ont éclaté sur la pierre. Un morceau de perruque cache grotesquement son visage hébété. Cette femme vaincue et à la merci des sarcasmes, je peux m'échapper tranquillement, sans courir. Mais, chose tout à fait extraordinaire, personne ne se moque. Au contraire, des grappes humaines se précipitent pour l'aider à se relever, la réconforter. Elle est très myope : sans ses lunettes elle ne peut normalement déceler qu'un brouillard humain hostile ; mais c'est une chaîne civilisée qui l'entoure ! L'un après l'autre, tous ces gens fendent l'armure de mépris racial que j'ai cru pouvoir leur imposer. J'aurais été jusqu'à rire avec eux, mais aucun n'a ri. Leur attitude bienveillante me pénètre d'interrogations. Pourquoi… Pourquoi la terreur d'être lié à son existence avait-elle rongé ce lien entretenu depuis tant d'années ? Ce n'étaient quand même pas la démarche balourde, la perruque trop flagrante ou les mâchoires fuyantes, comiquement incontrôlables, qui avaient « ordonné » sa chute à distance (dire que j'aurais été capable de la pousser moi-même…) – la laideur, les faces patinées au vin rouge et les dentiers noircis de tabac des habitants du coin n'avaient rien à lui envier. Mais une femme attirant lumière et regards sur sa peau trop noire, une femme trop différente des autres, il n'y en avait qu'une, aussitôt condamnée par le propre enfant de sa sœur… Un jeune garçon qui se dissimulait derrière le masque élogieux d'une prétendue parfaite tolérance...

Ce furent, ce jour-là, « les marches de ma honte ».

Maintenant, elles reposent ensemble, les deux sœurs. Peut-être se racontent-elles encore des choses de ce temps. Un jour, je le saurai, et je leur demanderai pardon. À toutes les deux.

*

* *

Cette scène tragique dans ma mémoire est toujours liée à l'autre traumatisme de mon enfance, qui coïncida avec le début d'une éducation exemplaire voulue par maman, et qui s'avéra, il faut bien le dire, quelque peu ratée...

Au mois de septembre 1962, nous franchissons à pied les grilles du collège très huppé de La Châtaigneraie, sur les hauteurs du lac Léman. J'ai 9 ans. Ma sensibilité aux départs, ma douleur à l'absence et à l'abandon ont dû se construire à ce moment-là. Un jour, la plupart de nos émotions vécues sont fixées et relativisées par nos sens parvenus à maturité ; une réalité plus ou moins définitive s'impose, estompant au fur et à mesure les chocs anciens. Mais la peine et l'angoisse qui m'ont saisi dès que le portail s'est refermé sont demeurées intactes dans ma mémoire.

Maman marche à quelques mètres devant nous quatre, trois de mes frères et moi-même ; une grande femme lui emboîte le pas. Les adultes que nous croisons lèvent discrètement un œil sur ma mère. À 56 ans, sombre et élégante, elle est reconnaissable en toute circonstance. Nous progressons au milieu d'une allée bordée de cèdres et de sapins. Un tapis d'aiguilles absorbe les paroles des deux femmes, mais des mots s'envolent derrière elle, des mots à faire peur : « sortie… Noël… Pâques… règlement… » Je tiens ma lourde valise à deux mains. À cause de la fatigue qui tombe sur mes nerfs, la prescience d'un chagrin en profite pour s'installer sournoisement. La femme qui marche aux côtés de ma mère se nomme Maguy, « tante Maguy ». C'est l'imprésario de maman pour la Suisse et la Scandinavie. Elle dégage une impression de force. De lourds cheveux obscurs enveloppent son visage modelé dans une pâte masculine. Ses yeux irradient un bleu violent qui tire vers le violet. Lorsqu'elle rit, elle ressemble à une ogresse joyeuse ; une voix suave voilée d'un accent vaudois adoucit l'ensemble, haut en couleurs. Le fait que nous l'appelions « tante Maguy » l'a fait pénétrer depuis longtemps dans le premier cercle des amis de maman. Des oncles et des tantes inventés pour la circonstance, il y en eut d'autres... Parmi eux, je revois surtout « tio Claude », « oncle » extravagant et héritier des chocolats Menier, n'arrivant jamais seul au château ; dans ses bagages, des cages en bambou avec des serpents du monde entier, grands et petits, qui s'enroulaient à tour de rôle, suivant la couleur de son costume, sur son bras tordu par la poliomyélite...

Derrière maman et tante Maguy, je peine, mon corps et mes pensées s'engloutissent dans un univers inquiétant. Ce grand bâtiment à la réputation flatteuse va me priver de ma liberté, cette certitude s'enfonce inexorablement dans ma conscience. Aujourd'hui, maman me donne à lui, elle m'abandonne… Je ressens cet abandon sous la poussée d'une vieille souffrance enfouie depuis ma naissance, et je ne le sais pas. Au moment des adieux, je ne pleure pas, mais, assis sur mon petit lit de fer, ma valise couchée à mes pieds, un état de prostration m'envahit et noie déjà toutes les promesses d'obéissance que maman m'a fait répéter.

Comme un soldat se dissout devant la science de son général, ma mère s'en remettait aux hommes du savoir. Vous lui auriez donné une autre recette, elle ne l'aurait pas suivie. Au fond d'elle-même, elle a un complexe rédhibitoire que le succès n'a pas réduit au silence. L'école, elle n'y a pas beaucoup été, ma petite maman. Et lorsqu'il lui est arrivé de s'y rendre, à 6 ou 7 ans, elle voulait qu'à l'intérieur de ce sanctuaire les maîtresses soient belles, pas comme au-dehors où elle était confrontée à la laideur des faubourgs et des gens et où rien, jamais, n'était à la hauteur de ses rêves. Alors elle se battait et s'enfuyait. Grappiller des scories de charbon sur les trains pour se chauffer, bourrer l'empeigne de ses chaussures contre le froid et attraper des engelures en touillant le linge des Blancs au fond des cours glacées et venteuses, pour tout cela et plus encore, elle a été assidue. Mais l'école et les livres ! Je ne l'ai jamais vue avec un « vrai » livre à la main – un livre d'auteur contemporain ou classique. En revanche, elle possédait une qualité d'intuition vitale et d'intelligence prémonitoire qui en faisait un être à part. Tout en elle fonctionnait assez remarquablement entre l'instinct des choses, des événements, et l'observation… Elle disait : « On me demande souvent si mes enfants, si différents à l'origine, s'entendent et se comprennent aussi bien que d'autres enfants. Mais faites comme moi ; si vous prenez de tout petits enfants de couleurs différentes et que vous les faites grandir ensemble dès leur plus jeune âge, vous les ouvrez déjà au monde qui les entoure. Ensemble, ils représentent le monde. Et alors ni les gens ni le temps ne pourront, plus tard, les faire changer. »

Il y avait chez ma mère quelque chose d'un philosophe que les concepts n'auraient pas apprivoisé. Mais c'était aussi la force du cœur qui renversait les obstacles liés aux origines, à la culture ancestrale de chacun. Un cœur de petite fille, énorme et puissant, vif et intrépide. Un cœur intact dans une femme de 56 ans. Un moteur qui tournait à toutes les heures du jour et de la nuit.

Ce jour-là, trois de mes frères pénètrent avec moi dans cette prison du savoir. Trois parmi les six « grands » – deux autres se serrent encore sur les bancs de l'école communale de Castelnaud. Quelques années auparavant, ils avaient été les premiers à m'attendre aux portes du petit royaume des Milandes. Tout à l'heure, nous arborerons le même blazer bleu marine à boutons dorés, la même cravate striée de bleu et de vert, aux couleurs du collège ; nous serons institutionnalisés.

Mon frère Akio, je l'ai déjà présenté, c'est l'aîné. Il a un an et demi de plus que moi. Il porte des lunettes ; ses yeux papillotent au-delà de la ligne droite. Il y a en lui une douceur pensive, un sourire baigne son visage cuivré. En vertu de sa qualité d'aîné, maman ne manquera jamais de le rappeler au devoir et à la retenue de ses émotions. Elle puise cette inflexibilité dans sa propre enfance. Mon frère doit s'y préparer mentalement, malgré le confort matériel et l'éducation privilégiée dont nous jouissons et qui n'ont jamais été donnés à ma mère. Mais lui a une âme de jardinier méticuleux. Adversaire du devoir, sa volonté va repousser la charge aliénante du montreur d'exemple autant qu'elle le pourra.

Le pays où il est né, en juillet 1952, c'est la Corée communiste, coupée en deux par la guerre avec les États-Unis (et non ce petit zizi dégoulinant dans la mer du Japon qui m'avait valu la faveur d'un tisonnier). Orphelin, il est évacué et recueilli par la Croix-Rouge japonaise. Maman pose son regard sur lui dans un orphelinat de Tokyo. Ses yeux, à peine bridés, balancent entre Orient et Occident. Dans sa vie d'homme, il manifestera toujours un désintéressement total pour les biens matériels et une propension innée à rendre le moindre service à des inconnus. On dirait qu'il a vu le jour sous le signe croisé du dévouement et d'une générosité sans retour. À ses côtés marche Luis, le plus costaud de nous quatre. Je n'ai que six mois de moins que lui et il me dépasse déjà d'une bonne tête. Il est colombien et noir. Il est né en juillet 1953 et a été baptisé d'une guirlande de prénoms espagnols.

Mais plus tard, il se refusera aux chemins de l'origine, peut-être plus qu'un autre, il aime où il s'attache. À son arrivée en France, Luis Mariano acceptera d'être son parrain, mais le chanteur de Mexico se fera très rare… Le dernier, c'est Jarri, mon frère finlandais. Né en novembre 1953, il n'a que quelques semaines de plus que moi – pour donner du sens à tous ces rapprochements d'âge, l'on aura bien compris que nos adoptions s'affranchissent du délai ordinaire des grossesses et du tempo des naissances. Un givre fin et rose recouvre son visage. Bien après la mort de maman, il retrouvera sa mère biologique en Floride, et des frères et sœurs du côté d'Helsinki. Il pardonnera à celle qui l'avait confié à maman parce qu'elle était trop pauvre pour élever seule un enfant. Il ne passera qu'une année dans ce collège, mais il reviendra, vers ses 18 ans, faire une école hôtelière du côté de Lausanne.

La première séparation avec l'un d'entre nous, frères et sœurs au grand complet, entité définitive de douze enfants, c'est Jarri qui va en être le responsable involontaire. Il n'a pas 15 ans lorsqu'il découvre son homosexualité avec un garçon de son âge. Maman va l'éloigner d'elle, mais surtout de nous. A-t-elle subitement peur que nous soyons « contaminés » ? Cherche-t-elle à se persuader que c'est quelque chose qui s'attrape ? Elle a vécu une folle jeunesse parisienne, baigné souvent dans une ambiance interlope, elle sait bien que non. Mais devant nous, elle se renie. La petite négresse dénudée et ceinturée de bananes qui traverse l'écran de la télévision en louchant et en marchant sur les mains n'existe plus. Ce n'est pas elle, cette sauvageonne ! Son existence n'a vraiment commencé qu'à l'étape très avancée de mère.

Je me souviens parfaitement de ce déchirement et de notre désarroi muet. Cet été 1969, nous sommes en Espagne, à quelques kilomètres de Barcelone. La nuit même, un homme a marché sur la lune, mais pour nous, c'est la terre qui s'ouvre sous nos pieds. Nous voilà réunis en demi-cercle autour de maman et de Jarri, dont elle serre très fort la main. Ses premiers mots sont des mots d'exil, d'arrachement de l'un d'entre nous à la fratrie... des mots inimaginables durant notre enfance : « Jarri va partir... Jarri "doit" partir ! Il ira en

Argentine où, désormais, vit papa. » Elle relâche la pression de sa main une seconde, puis la reprend aussitôt avec une tendresse forcenée, comme pour signifier à notre frère que sa maman sera toujours là, que cette obligation les dépasse, elle et lui. Sa voix est lente, heurtée, douloureuse. Elle prononce des mots auxquels elle ne semble pas croire : « Jarri va partir parce que vous êtes des garçons et les garçons doivent rester entre eux... Ce n'est pas une punition, c'est la nature qui l'a fait comme ça, et mon cœur de maman l'aime tout autant que je vous aime... Nous avons parlé avec papa... Jarri reviendra plus tard... J'aime votre frère plus que tout au monde, comme vous tous... » À cet instant, chacun peut mesurer l'amour compassionnel qu'elle nous porterait, si le dieu des orphelins nous avait faits, en plus, culs-de-jatte... Comme pour la plupart des châtiments corporels qui nous étaient infligés, elle est affreusement écartelée entre la peur de blesser et le devoir d'exemplarité pour ses enfants. Personne n'ose se regarder ; Jarri n'a pas levé les yeux une seule fois. Un jour – maman était morte déjà –, j'ai évoqué avec lui sa tête baissée, incapable de la moindre inflexion vers nous autres, ses frères. Depuis des années, j'attendais qu'il m'avoue un vieux fonds de rancœur à l'égard de maman. Mais il ne se souvenait que de son bonheur argentin, à Buenos Aires auprès de papa. Il n'avait pas trouvé de meilleur maître pour affronter le regard des autres. Et quelques années plus tard, lorsqu'il réapparut dans les tempêtes de nos adolescences, il se montra envers maman bien plus affectueux et aimant que nous tous. Des lettres de Suisse, écrites pendant ses années d'école hôtelière, en attestent. Chaque fois, il demande à maman de nous pardonner, lui explique que nous comprendrons un jour ce que nous lui faisons endurer. Il pansait ses doutes et ses chagrins avec une tendresse d'enfant qu'il avait économisée en lui. C'était lui qui la berçait et la prenait dans ses bras. Et je suis sûr qu'une part d'elle-même avait retrouvé, dans les lettres de son fils, l'extrême sensibilité des fantômes invertis de sa jeunesse.

Des quelques semaines passées dans ce collège Suisse, je ne me souviens de presque rien. À peine l'esquisse d'une classe d'élèves attentifs se reflétant dans un vieux miroir piqué, des voix de professeurs polyglottes, mais pas le moindre visage ami. Je n'ai gardé en moi que l'angoisse qui m'avait enveloppé à mon arrivée, devant les grilles, et la lumière du même chemin – joyeux celui-ci – dans le sens inverse. Le temps se diluait lentement, au rythme du calendrier scolaire et des nombreuses activités sportives et autres qui nous étaient proposées.

Une fois par mois, la direction du collège organisait des jeux. Un seul d'entre eux, à la lisière de la cruauté, m'est resté en mémoire. Le collège devait être plongé dans l'obscurité. Chaque élève portait un brassard bleu ou rouge. Deux camps d'une centaine de garçons de tous âges devaient s'affronter. Comme dans une vraie bataille, il s'agissait pour les parties adverses de revendiquer le plus grand nombre de prisonniers. Une petite dose de violence physique était couverte par les professeurs et les surveillants. Elle servait d'expérimentation sur la conscience des participants, du plus âgé au plus jeune. Un duel entre éducation et libre-arbitre, dressés face à face, à l'abri des réprimandes, voilà ce que la nuit devait révéler... Il y avait quelque chose d'anglo-saxon, d'hypocrite et de pervers dans cette possibilité de plaquer et de maîtriser le corps d'un jeune garçon sans défense dans le noir.

Assis sur le sol entre le lit et la fenêtre de la chambrée, j'attendais que le supplice prenne fin. Je ruminais encore une fois ma solitude. Je me croyais le seul à refuser ce jeu idiot, traversé ponctuellement de cris de victoire, de cavalcades et d'exclamations rageuses. Je plaquais mes mains sur mes oreilles pour ne plus les entendre. En rêve, j'étais devant l'école, indifférent à la masse obéissante du flot en uniforme, m'éloignant irrésistiblement. Intouchable. J'avais ôté le blazer et la cravate grégaires, devant tout le monde je les foulais aux pieds pour me faire exclure. Mais on me priait seulement de tout ramasser ; mon défi ne méritait pas la sanction suprême, mon cauchemar recommençait. Des larmes coulaient sur mes mains parce que de nouveau le visage de maman s'éloignait... Épouvantablement loin, inaccessible. Que fallait-il que je fasse pour la rejoindre ? Alors une brèche s'ouvrit dans la morale apprise et y fit passer tout le poids de la peine accumulée qui m'écrasait le cœur. Il ne restait plus qu'à commettre un « crime » impardonnable contre mon éducation. À côté de la fenêtre, l'armoire individuelle d'un de mes camarades de chambre luit comme un monolithe, arrosé d'argent par la lune. Je me lève et avance vers elle.

Un instant plus tard, la lumière m'éblouit. Le petit Erich contemple son armoire fracturée et ma main qui empoigne une barre d'Ovomaltine largement entamée. Ses prunelles bleues sont chargées de haine. Il va alerter tout le collège, c'est sûr. Mais la réalité objective de la situation n'a plus prise sur moi, ni le lynchage verbal ni une éventuelle violence. J'ai commis l'irréparable, enfin.

L'armoire de ce petit Suisse allemand n'avait pas été choisie complètement au hasard. Il y avait, chez cet élève tout en obéissance bornée, quelque chose de pathétique et de répulsif. Le jeune homme qui se profilait dans l'avenir m'inspirait une horreur confuse.

Renvoyé sur-le-champ, tournant le dos à la préfiguration d'un petit monde peuplé de futurs financiers et de capitaines d'industrie sans scrupules, je m'étais persuadé qu'être victime de son ennemi valait mieux que de tenter de se sauver en trahissant un ami. Un ami introuvable, qui, peut-être, aurait tout changé.

Elle a un doux visage de miséricorde, celle qui vient me récupérer au collège... Un visage blanc et frais, un visage d'infirmière tel qu'on le rêve au sortir d'un sommeil artificiel. Ce n'est pas maman, mais sa jeune secrétaire, Jocelyne. Peut-être une messagère du pardon. Je l'espère de toute ma petite âme. À quelques heures de retrouver maman, qui chante, le soir même, dans la ville, je suis pris au dépourvu par un sentiment inattendu. Après l'exaltation qui suit ce départ brutal et les quelques heures de voiture, je me fabrique du remords sur l'eau plate et vernissée du lac de Zurich. Tout autour du petit bateau, l'air pur de l'automne accentue les teintes rouges, ocre et jaunes des arbres démultipliés. La mutation grandiose du paysage prend à la gorge, mais je suis obsédé tour à tour par le dépit, la colère et l'abasourdissement que j'imagine sur le visage de maman. Ce jour-là, j'ai grandi d'un seul coup. Contre toute prédiction, tout ordonnancement réglé de ma vie d'enfant protégé, j'allais pénétrer dans l'univers magique de ma mère.

Quelques heures plus tard, dans le hall de l'hôtel, la secrétaire lâche ma main. Maman vient d'apparaître. Au bout de l'allée de damiers noir et blanc, capitonnée de miroirs monumentaux, un petit groupe d'hommes et de femmes s'agite autour d'elle. Des micros se tendent, des fils se balancent dans l'air, et ma mère éblouit, ensoleillée d'élégance cardinale. Elle se prête volontiers au jeu des interviews, mais, d'un sourire tranchant comme une lame, elle fait refluer le voyeurisme. Son aura sert de bouclier contre une curiosité malsaine ; sans élever la voix, elle neutralise l'indiscrétion, la fait prisonnière de son rayonnement. Soudain, elle me voit, et tout le monde s'arrête de marcher en même temps qu'elle. Le petit brouhaha des journalistes s'interrompt. Ils ont suivi son regard. En se pen-

Joséphine Baker, en 1929, vue par le photographe de mode Hoyningen-Huene.

Affiche du dernier spectacle de Joséphine Baker, à Bobino en avril 1975, célébrant ses cinquante ans de carrière.

L'unique photo de Joséphine Baker enfant, le jour de son baptême en 1908.

Aux Folies Bergère à Paris, en 1926, Joséphine porte la tenue qu'elle avait inaugurée dans la *Revue Nègre* en 1925.

Joséphine arbore la célèbre ceinture de bananes en 1926, dans les studios Waléry, à Paris.

Joséphine Baker entourée de Georges Simenon (à gauche) et de son amant et agent, « Pepito », en 1928, dans son restaurant Chez Joséphine, rue Fontaine à Paris.

Joséphine à l'inauguration de La Coupole en 1929, avec Pepito Abatino.

Joséphine pose en studio, en 1931, à l'époque où elle crée le titre « J'ai deux amours », écrit pour elle par Vincent Scotto.

Jean-Claude Bouillon-Baker fête son deuxième anniversaire aux Milandes, où il est arrivé deux jours plus tôt, le 21 décembre 1955.

Jean-Claude et sa mère nourricière. Photo prise début 1955 à Montfort-l'Amaury en vue de son adoption.

Joséphine Baker et trois de ses enfants dans la chapelle des Milandes. De gauche à droite : Jarri, Luis et Jean-Claude.

Joséphine et son mari, Jo Bouillon, posent avec sept de leurs enfants lors d'un séjour à Paris, à la fin des années 1950. À gauche : Jean-Claude, mains dans les poches.

Joséphine et les onze des douze enfants qu'elle a adoptés, lors d'un repas dans la fameuse cuisine du château des Milandes, en 1964.

Joséphine et ses enfants débarquent à Monte-Carlo en août 1969, quelques mois après la fin des Milandes.

Le 15 avril 1975, trois jours après son décès, devant le théâtre de Bobino, les Parisiens rendent hommage à celle qui vient d'y connaître son dernier triomphe.

Joséphine à Bobino, le 25 mars 1975, avec son micro en strass et la robe qu'elle porte dans le final de son spectacle.

chant, Jocelyne pousse mon dos doucement, comme si elle encourageait un jeune animal. Je dois franchir une vingtaine de mètres, et je voudrais le faire en une seconde tant je me sens écrasé sous les regards convergents des clients, des journalistes et de maman. Puis, soudain, je me sens aussi léger qu'un ballon d'anniversaire, elle vient d'ouvrir ses bras, et de ses grandes ailes déployées, elle me transporte jusqu'à elle. Elle porte un manteau en cachemire de couleur grège à double rangée de boutons, dont l'un est resté enfoncé dans ma joue jusqu'à aujourd'hui. Ses mains caressent longuement ma tête ; je ne vois pas son visage, mais une tristesse interrogative, que je lui trouverai dans d'autres défaites, voile cette douce déformation de mon prénom qu'elle a inventée dans mon très jeune âge. Au-dessus de moi, je l'entends dire non pas Jean-Claude, mais « Zankiode »...

Les jours suivants, elle ne dit plus rien sur le vol et le renvoi. Elle ne sera jamais dans le ressassement des choses. Un seul mot comptait vraiment : le mot « demain ». Mais ce n'était pas ce « demain » fataliste si répandu dans son enfance, gémi sous la chape de l'esclavage et qui s'en remettait aux bonnes grâces et au bon vouloir du Seigneur – *The Lord, in his own time, will regard us !* (« Lorsqu'Il l'aura décidé, Dieu prendra soin de nous ! ») –, psalmodié à longueur de journée et de dimanche. Non, « demain » était le terreau des espoirs avortés la veille : « demain » rimait avec Paris, la France, « demain » vibrait avec victoire pendant la guerre, « demain » éclairerait la fraternité entre les êtres humains après l'exemple des Milandes… « Demain ! », tout changerait !

Je suis pardonné… Maman veut que je reste à Zurich avec elle un ou deux jours avant de regagner les Milandes. La veille de mon départ, le théâtre où elle chante ouvre ses portes à l'un de ses petits garçons.

Maman me présente à toutes et à tous, dans les coulisses, les loges, la fosse d'orchestre, la régie, à l'entrée, aux placeuses et aux habilleuses. Tout ce monde en effervescence découvre une parcelle de son autre légende, celle de mère universelle. Des girls poudrées de strass et somptueusement dénudées me couvent de leurs grands yeux de biche. Pour m'impressionner et m'amuser, les musiciens font résonner leur instrument. Très vite ému par la gentillesse bon enfant des machinistes et des éclairagistes, de tout un monde en admiration devant la grande Joséphine Baker, je vois disparaître mon dernier sursaut de culpabilité. Derrière l'immense rideau de scène, au milieu des préparatifs, je perçois, pour la toute première fois, la densité de ma place dans son existence.

Puis le rideau s'ouvre. Illuminée de strass qui coule à ses pieds et derrière elle, coiffée d'un diadème étincelant surmonté par un faisceau de plumes blanches, elle s'avance vers le public ; elle étend ses bras comme si elle voulait embrasser la salle, puis elle les déploie en croix. On dirait qu'elle regarde chacun dans les yeux, alors que la barrière des projecteurs l'empêche de voir au-delà des cinq ou six premiers rangs. De ses lèvres scintillantes s'échappent des mots comme des colombes de la paix : « Bonsoir mesdames et messieurs... *Good evening ladies and gentlemen... Gute Nacht meine lieben Herren... Buona sera... Buenas tardes... Salam 'alaykoum...* et *shalom, shalom, shalom* ! »

Comment parvient-elle à ne pas perdre l'équilibre, à ne pas se consumer sous la rangée des sunlights, nue au festin d'un public enchanté, mais toujours avide et insatiable de stupeurs et de chair de poule ? Tassé dans un coin de la salle, les yeux et le cœur grands ouverts, au fil des minutes, je regarde non plus ma maman, mais un personnage fantastique échappé d'un monde imaginaire.

Aux Milandes, je retrouve les plus jeunes de mes frères et sœurs. À part un déracinement indolore avec leur pays d'origine, ils n'ont pas encore connu l'exil. Trop jeunes encore pour s'émanciper dans de grandes, belles et neurasthéniques écoles, ils se serrent, nombreux, sur les bancs crottés de l'école communale de Castelnaud ; bien au chaud à l'intérieur, sous la dictée d'une maîtresse bienveillante et patiente qui a en charge les moins de 7 ans ; bien au froid, l'hiver, dans le petit car de ramassage scolaire qui passe à l'aube devant chaque ferme, peinant et toussotant sur la petite route tortueuse, raide, parfois encombrée de blocs de neige qui mène aux Milandes.

Dans la petite classe de Mme Besse, le plus vieux est un « grand ». Il s'appelle Jeannot, mais son vrai nom japonais est Teruya. Comme Akio, il a été sauvé d'un orphelinat du Japon en 1955, à l'âge de 2 ans. Et s'il ne nous a pas suivis en Suisse, c'est parce qu'il montre toujours une belle constance à ne presque rien assimiler de la langue française. Il a une circonstance atténuante. Tout petit, il a été frappé d'une méningite, et lorsque maman en a fait la troisième pierre de sa pyramide d'enfants, c'était en toute connaissance de cause. De même pour Moïse. Venant d'un centre nourricier de la région parisienne différent du mien, il arrivera le même jour que moi aux Milandes, le 21 décembre 1955 ; toutefois, il a un an de moins que moi. C'est le seul qui a quitté le cercle sacré de la fratrie. Il est mort en 1997, il n'avait pas 42 ans.

Maman avait auréolé les origines juives de ce nouveau petit frère du nom d'un prophète. Dans son esprit féru de signes du destin, ce ne pouvait être que le prédestiné, le miraculé… Moïse ? Moshe, comme nous l'appelions, fraternellement. À 20 ans, c'est vrai, il a quelque chose d'un Apache, en plus clair. Son corps imberbe et renflé a la stridence d'un jeune guerrier gorgé de soleil et insensible à la chaleur (à cette époque, après les Milandes et Paris, nous habitions près de Monaco, au bord de la mer). Ses cheveux longs et noirs sont tenus par un serre-tête de cuir. Le regard est profond, les pommettes sont saillantes, le nez est aquilin. Ses mains sont dures et nerveuses comme l'écorce d'un jeune arbre. C'est un bagarreur. Il ne fait confiance qu'à ses poings, et dans sa manière d'affronter l'autre, il y a quelque chose d'archaïque, de sauvage et de pur. Avec le temps, rien ne résistera entre ses mains. De l'eau, il n'était pas l'ami, mon petit frère, sauvé de l'Assistance, mais le corps chargé de terribles chromosomes. Ses parents avaient trop longtemps baigné dans les vapeurs de l'alcool. Il fit voler en éclats son mariage avec une chouette fille. Il n'a pas eu d'enfant, heureusement. Heureusement aussi, maman n'a pas vu la lente dégradation de son fils, elle qui pensait que la force de son amour suffirait à effacer toutes les tares congénitales.

Un jour, il est devant moi, la bouche torve, les yeux injectés de sang. Ce n'est plus un Apache. Son corps le lâche. La douleur ne cessera plus de croître ; de quoi évoquer nos châtiments d'enfance avec une douce nostalgie. Je parviens à le faire sourire de ses propres méfaits. Je lui rappelle son « Golgotha » dans la scène la plus surréaliste qui éclata sur la petite route serpentant aux abords des Milandes. Il n'avait pas 12 ans. Chaque habitant se souvient de ces jeunes garçons de couleurs différentes qui avançaient en file indienne, yeux baissés, dans un silence d'église. Une pancarte est passée autour de leur cou : dessus sont peints quatre mots censés transpercer leur amour-propre d'une honte épouvantable : JE SUIS UN VOLEUR. Ils cheminent en pénitents dans l'ordre mystérieux du degré de leur faute, sous l'œil sévère de maman, postée à l'entrée du village et comptant les tours de piste : « Allez Moïse ! Encore huit tours... Lève ta pancarte bien haut pour que tout le monde puisse la lire ! » En tête du cortège, Moïse est le seul à tenir sa pancarte à bout de bras ; chacun peut découvrir son statut dans la petite bande : JE SUIS LE CHEF DES VOLEURS. Par bravade, il était parvenu à ouvrir un coffre-fort ; mû par un talent d'orpailleur, il en avait retiré une petite bourse de napoléons en or, précipitamment dissimulée sous une latte en bois du salon. Il n'avait pas été difficile à maman de repérer la fébrilité d'un « petit » et de le faire avouer ; les « grands », eux, se seraient fait tuer plutôt que de parler, ce qui provoquait une ambivalence de sentiments chez maman, partagée entre la fierté secrète de constater cette solidarité entre ses garçons, qui devait lui rappeler la guerre, et la rage qui la saisissait devant leur silence obstiné.

Un soir, alors que Moïse vit ses derniers jours, j'entre dans sa chambre de l'unité de soins palliatifs du Parc-Montsouris. Il dort. On lui a installé une petite poire de morphine à portée de main. Il est torse nu. J'attends qu'il se réveille. De l'autre côté du long couloir olivâtre qui semble couler dans l'obscurité, il y a les agonisants, les peaux suppliciées et les yeux caves, des voix qui s'effondrent en dedans ; on perçoit quelques sanglots. Moïse ouvre vaguement les yeux. Lorsqu'il me voit, son regard reflète une espèce de joie entre deux mondes, une joie grise. Il presse la petite poire, puis referme les yeux. Je suis assis à côté de son lit, je le regarde. Je ne peux rien pour lui, je ne peux rien pour mon frère d'aujourd'hui et mon petit frère d'hier... C'est à cet instant que quelque chose me frappe en pleine poitrine. Une révélation. Il était écrit que je serais le témoin de son agonie après avoir été le premier compagnon de sa nouvelle vie. L'humain désigné aux deux extrémités de son existence, c'était moi.

Dans la petite école communale de Castelnaud, il y a encore quatre frères et sœurs, tous des « petits ». Brahim-Brian, Marianne, Koffi et Mara. Brahim-Brian et Marianne, rescapés d'une guerre d'Algérie finissante et brûlante, soumise à la politique de la terre brûlée et du terrorisme aveugle en métropole, sont souvent côte à côte sur les photos de classe de cette époque. À distance, ils symbolisent encore cette communauté de destins entre le Français d'Algérie et l'Algérien. Robert Lacoste, le gouverneur général de l'Algérie, est devenu le parrain symbolique des deux. Koffi est un petit bout d'ébène, avec des yeux follement rieurs. Il naît en 1957 en Côte d'Ivoire ; il fait partie de l'ethnie dominante de ce pays, c'est un Baoulé. Les circonstances de son adoption se perdent dans les méandres des fleuves et des villages de brousse, mais le président de la République, Houphouët-Boigny lui-même, aurait, semble-t-il, accepté d'être son parrain, parrain que jamais il ne rencontrera.

Le plus jeune des enfants Bouillon vient d'encore plus loin ; la longue règle de la maîtresse traverse l'Atlantique sur la carte du monde, les autres élèves écarquillent les yeux. Le Venezuela, et plus précisément la forêt équatorienne, l'ont vu naître en 1959. Maman lui a donné le prénom de Mara, du nom de la deuxième ville du pays, Maracaibo. Elle dit de lui que ses origines sont royales, et que ses parents lui ont fait un grand honneur en lui confiant cet enfant. Lorsque Mara reviendra un jour dans son pays, avec maman, il découvrira une vérité plus triviale. Quelque chose brisera sa mythologie lorsqu'il verra les mains tendues, les dollars quémandés. En attendant, il arbore de longs cheveux aile de corbeau et au fond de ses yeux noirs luit la fierté placide des peuples insoumis.

Trop jeune encore pour aller à l'école, Noël, âgé de 3 ans, dort tranquillement dans la maison de tantie. Il est né en 1959, aux alentours de Noël, découvert quelques jours plus tard sur le parvis d'une église parisienne, les testicules gelés et un traumatisme postnatal à venir. Alertée par un ami journaliste, maman, qui se trouve à Paris, décide immédiatement de l'adopter et de lui donner le nom de Noël… Pour nous, c'est à jamais Nono. Des journaux lui feront verser ses premières larmes : pour dramatiser une tragédie rentable, des salauds lui inventeront, des années durant, une poubelle pour premier berceau…

Il ne manque plus aux Milandes que la dernière de la tribu. L'inattendue. Elle est sur le point de prendre vie dans le ventre de sa mère. Visiteuse marocaine drapée de saris somptueux, le visage ocre barré d'un sourire de Joconde évanescent et un peu triste, cette belle jeune femme, amie de ma mère, qui se penche sur nos lits d'enfants pour nous embrasser ne nous livre alors que son prénom… Kenza. Mais elle ne pourra jamais faire disparaître sa ressemblance avec notre petite sœur. En grandissant, sa fille rejetée, Stellina, héritera de la perfection des traits de son visage, d'un sourire pétrifié par une insouciance traquée et perdue et de son élégance naturelle. Même après toutes ces années, il n'est pas aisé de s'aventurer dans la vérité des choses. Maman avait le sens du secret et de la parole donnée. Kenza avait peut-être « fauté » hors du cercle de la famille royale du Maroc, dont elle faisait partie, et elle était venue protéger sa grossesse et accoucher en France. Les liens qu'entretenait maman avec le Maroc, depuis la guerre, avaient peut-être permis ou facilité le transfuge de Kenza en terre de France, et adouci l'ire de la monarchie à condition que Joséphine Baker adopte l'enfant du péché. Aucune vérité n'a percé à ce jour…

La photo de classe de l'année 1963-1964 serait incomplète si l'on ne mettait un prénom sur le visage de cette ravissante petite fille, aux longs cheveux noirs, avec des yeux de chat et des lèvres gourmandes qui se froncent dans la perplexité d'une question. C'est Rama, notre cousine, mi-indienne, mi-européenne, née en 1956 du côté de la Belgique ; maman a « trouvé » cette petite perle pour ma tantie et Elmo, qui n'ont jamais pu, ou voulu – mystère – avoir un enfant.

Le collège suisse n'est déjà plus qu'un mauvais et lointain souvenir... Mais à peine ai-je commencé à me réhabituer au petit enseignement de monsieur Besse, qui fait sa classe aux « grands », cintré dans sa méchante blouse grise, béret basque sur la tête et éternel mégot papier maïs collé au coin de la bouche, et à plonger ma cuillère dans le brouet favori – soupe transparente épaissie avec du pain tartiné au gruyère – concocté par Céline, cuisinière et femme à tout faire, qu'un événement inattendu se produit.

Un matin, les élèves des deux classes, sous la surveillance de Céline, sont regroupés dans une seule cour. Maman est là. À travers les vitres de la classe des « grands », je distingue ses bras qui s'agitent, ses lèvres qui bougent sans arrêt devant les visages immobiles du couple d'instituteurs. On a l'impression qu'elle les foudroie de reproches. Ça dure un petit moment. Puis ils ressortent tous les trois sur le perron. Mais là, c'est à n'y plus rien comprendre : voilà qu'elle serre chaleureusement leurs mains, c'est tout juste si elle ne les embrasse pas avec dévotion ; décidément, elle n'aime rien tant que ceux qui infligent le savoir. Mais avant de regagner sa voiture, en passant devant nous, elle lâche quelques mots qui sonnent curieusement… « Au revoir mes chéris ! N'oubliez pas vos affaires tout à l'heure en sortant de l'école ! » La veille, un des « petits » de la tribu, Koffi, s'est fait traiter de « Blanche-Neige » dans la cour de récréation. Des paroles d'enfant, sans intention de blesser, mais qui ont rappelé à maman un aspect cruel de sa jeunesse, lorsque les Noirs croulaient sous les quolibets racistes : *Snow*, *Midnight*, *Shadow* (« Neige », « Minuit », « Ombre »)… Plaisanterie déplacée ou inconscience, tout ce qui touche à la distinction entre les êtres la rend incapable de rationalité. Mais d'une manière générale, maman, dans presque tous les domaines, sera toujours dans le contraire de la rationalité – sa force et sa faiblesse. Et puis, elle commence seulement à exposer sa famille aux regards extérieurs ; elle refuse qu'après le traumatisme des orphelinats, celui d'un rejet fondé sur la différence de nature et la couleur de peau blesse la petite enfance des plus concernés. La criante possibilité d'un exemple de fraternité ne doit être mise en danger à aucun prix. C'est son obsession quotidienne. Dorénavant, nous serons scolarisés à la maison, sous la férule d'un précepteur. Et notamment de Monsieur Louis !

Maman l'a recruté en Belgique, dans des circonstances et sur des critères ignorés jusqu'à aujourd'hui. Il n'a pas plus de 40 ans. Je me souviens de deux yeux qui oscillent sans cesse entre le bleu et le vert, d'un sourire soudé à la pensée de l'instant et qui ne trahit jamais aucune émotion superflue, de l'odeur de son éternel blouson de daim mêlée à une eau de toilette douceâtre et sucrée. Nous sommes au printemps 1963. Ceux de Suisse sont revenus pour les vacances de Pâques ; en quelques mois, Monsieur Louis nous ouvre avec clairvoyance et passion aux recels de la terre, à la nature et aux saisons, au maquis des règles de grammaire, de géométrie et d'arithmétique. Avec lui, nous parcourons les sous-bois et les forêts, les prairies et les collines, nous concoctons des herbiers géants et apprenons à distinguer les champignons vénéneux, toxiques et mortels, des autres : girolles, morilles, cèpes de Bordeaux et truffes du Périgord contre bolets Satan, amanites tue-mouches et phalloïdes. Nous épinglons toutes sortes de papillons dans de grands boîtiers en verre. La petite faune des bords intimes de la Dordogne nous devient familière – anguilles, couleuvres d'eau, grenouilles... Plus loin, dans une barque amarrée, nous sommes tenus à une patiente observation en milieu naturel. Il nous arrivera de surprendre des brochets immobiles, à l'affût. Au fond des ruisseaux, on pêche à la main les écrevisses qui pincent nos doigts. On apprend aussi à dominer notre peur en grimpant dans les arbres, sur les hautes branches des cèdres, à vaincre le vertige. L'habitude viendra de là.

Dans la tour ronde du château, le dernier étage est aménagé en salle de classe. Sur le mur circulaire à 360 degrés, d'innombrables règles de grammaire d'une calligraphie parfaite sont tracées à la craie sur des feuilles de Canson noires, découpées comme des morceaux de tableau. Le matin, la règle d'or est le silence ; Monsieur Louis nous le rappelle en permanence de sa règle de fer sur le bout des doigts tendus, tremblants, dans l'obligation d'être soudés l'un à l'autre. Les châtiments corporels ne le rebutent pas ; il a, semble-t-il, carte blanche de maman. Dans mes souvenirs, ce n'est pas un hasard si elle n'est jamais là lorsqu'il s'en sert. Il n'a pas besoin de briller devant elle, il a obtenu sa confiance une fois pour toutes, mais il fait preuve, en chaque circonstance, d'une grande équité. C'est certainement pour cette qualité, indispensable au jeune cœur d'enfant qui se construit, que je n'éprouve pas de rancœur. Pour quel manquement sa main s'était-elle abattue sur le coin de ma bouche ? Quelque bêtise qui aurait dû me laisser un souvenir impérissable ! En fait, il avait raté sa cible, et la chevalière en or qui ornait son doigt avait enfoncé ses initiales dans le gras de mes lèvres. Outre le fer du tisonnier, ma mémoire a gardé la dureté d'un métal précieux qui déchire les êtres depuis la nuit des temps.

C'est aussi dans cette tour que de célèbres personnages du Périgord se feront jour, peu à peu, dans notre esprit. Pendant longtemps, on ne retiendra que des noms. Étienne de La Boétie, le grand ami de Montaigne, né à quelques kilomètres d'ici, à Sarlat, dans une maison du XVIe siècle, intacte à la pierre près ; Fénelon, dont le château est toujours fièrement perché près de la Dordogne, sur la route qui mène à Souillac ; mais surtout Jacquou le Croquant, jeune héros emblématique de la fin du XIXe siècle, parvenu à souder la révolte autour de sa personne contre la saignée que les châteaux pratiquaient sur les plus misérables… « Jacquou le Croquant », presque un enfant, comme nous, qui revivrait quelques années plus tard, dans une série télévisée. On suspecte l'admiration de Monsieur Louis pour maman, le jour où il la place dans une sorte de rapprochement avec tous ces personnages qui l'ont précédée. Pour lui, le village de ma mère est l'œuvre humaine et irréversible d'une femme qui entre de son vivant dans une région tellement rétive aux étrangers. Et il ne se trompe pas : dans ces années 1962-1963, le village est à l'apogée de sa fonction touristique et de son prestige. Maman est si bien identifiée à ce petit havre de paix du Périgord qu'on lui écrit les paroles d'une chanson (« Dans mon village »), d'un réalisme à la fois poétique et émouvant, puis bouleversant d'espoir, où s'élève finalement le rêve d'une humanité future, enfin fraternelle. Dans cette chanson, elle évoque douze orphelins qu'elle élève tendrement. Douze orphelins couleur de nuit, de jour, de soleil et de sang, mais d'une égalité parfaite dans son cœur de maman… Et à l'instar de cette fraternité juvénile, sa prière s'adresse à tous les peuples de la terre : que ceux-ci prennent exemple sur ses enfants, et le monde entier se révélerait alors un grand village planétaire où tous les hommes s'aimeraient.

Monsieur Louis demeurera aux Milandes jusqu'à mon entrée en sixième, non sans avoir fait de deux d'entre nous, Brahim et moi, par son enseignement personnel, les premier et deuxième du canton. Comme il était arrivé il partira ; sa main ayant cessé d'être – parfois – trop lourde, il aura établi avec nous une complicité presque paternelle. Curieux de nos études et désireux de nous revoir, il resurgira au bout d'un long moment. Détaché de ses anciennes fonctions, il séjournera dans le village, avant de s'éclipser définitivement. Mais il ne partira pas le cœur et les mains vides : Jeannine, la plus fidèle secrétaire de maman, le suivra. Ils se marieront loin d'ici.

Mais on n'en a pas fini avec les précepteurs… L'été d'après, nous apercevons sur la route qui monte vers les Milandes un énorme chien de la taille d'un petit veau chevelu (on n'avait encore jamais vu un saint-bernard de si près), et sur le chien, un homme grand et sec, qui tantôt se fait transporter, tantôt marche à ses côtés ou le pousse, s'aidant d'un bâton noueux planté dans le goudron. Il est en sandales, le short porté très haut et la chemise largement ouverte. Ses cheveux fins et dressés filent vers le ciel. Son teint mat vire au kaki, et derrière ses lunettes à larges montures, des lueurs s'allument dans deux foyers sombres. Il se nomme Nassim, arrive de la lointaine Égypte. Maman l'a engagé, dit-il, pour initier aussi Brahim-Brian à l'arabe littéraire et à la liturgie coranique.

Mis à part le chien-cheval qui le suit comme son ombre et son allure d'ermite bohème errant autour de la Méditerranée, après tout, ce ne serait pas si étonnant. Moïse, coiffé d'une kippa, se rend déjà au consistoire de Périgueux ; Jarri, de confession protestante, va quelquefois au temple ; et la plupart d'entre nous, petits catholiques pétris de catéchèse, servons la messe en attendant de subir communion solennelle et autre confirmation. Hormis cette apparition sur la route, qui tenait du mirage, le souvenir de Monsieur Nassim n'a d'égal, dans sa pauvre consistance, que la brièveté de son séjour. Après l'avoir accueilli chaleureusement, maman tient à répéter devant nous ce qu'il sait déjà probablement. « Je connais bien l'Égypte, un grand pays... Une très grande civilisation, avec tous ses pharaons et ses déesses. Nous avons fait plusieurs fois des "son et lumière" dans la grande pièce du château plongée dans le noir, avec l'histoire des pharaons Kheops, Khephren et Mykerinus... J'ai chanté plusieurs fois là-bas, mais la plus extraordinaire de toutes, c'était pendant la guerre, en 1943 ! Devant le roi Farouk, au Caire... On ne pouvait pas dire qu'il était vraiment de notre côté, ce jeune roi impotent, mais très bien élevé... Alors ce soir-là, j'ai quand même réussi à faire tendre une immense croix de Lorraine sur la scène, et comme ça tout le monde a cru que le roi soutenait les Alliés ! » Monsieur Nassim hoche la tête pour signifier son approbation ; il sourit, heureux et béat, délesté de la fatigue du voyage. Ce n'est assurément pas un homme d'argent, d'influence ou de pouvoir. Gentiment agité et doux mystique, ayant traversé la mer pour venir jusqu'ici, il voit peut-être en maman la réincarnation d'une quelconque reine d'Égypte, pleine de grandeur et de mansuétude. Mais quelques semaines après, devant les trait sévères du visage de « sa reine » et le bruissement de ses narines qui contiennent une fureur caractéristique, il comprend que la reine est aussi et avant tout une mère, affolée et atterrée par le danger qu'il vient de faire courir à ses enfants...

Tout de même, c'était vraiment ne pas connaître ou ne pas soupçonner la dualité des sentiments qui animent maman. Une volonté à toute épreuve dans un cœur de mère hyperprotectrice. Se mettre en tête de nous faire traverser la Dordogne à la nage, grands et petits, quelle folie ! À cette époque de l'année, on savait où franchir à gué la rivière et éviter les dangereux tourbillons, mais rien à faire, il se croyait l'interprète de la volonté de « sa reine » ; comme elle, ses enfants devaient se montrer intrépides en toute circonstance. À croire que les fragments de guerre racontés par maman lui avaient explosé dans le cerveau. Encore heureux que nous sachions, tous, nager correctement. En file indienne derrière sa grande carcasse déployée dans l'eau, nous nous étions échoués sur l'autre bord. Mais nous avions récupéré les plus épuisés à deux cents mètres en aval. Certains en pleurs… certains en rage. Le voilà congédié séance tenante. Il est reparti avec son chien-cheval, sans un mot de dépit ni un cri. On l'attendait au pied du village pour lui faire nos adieux. Il avait les larmes aux yeux, Monsieur Nassim.

Des visages, des pays, des langues passent par la cuisine du château. Pendant longtemps, nous apprendrons l'espagnol avec Madame Ampajo et sa fille Pilar. Puis ce sera au tour de Mamadou, venu du Mali avec ses amis, Pierre et Issa. Ils auraient dû poser leurs bagages un peu plus bas, du côté de Cahors, dans l'espèce de château où vivaient à l'époque Léo Ferré, sa femme Madeleine et leurs chimpanzés, Pépée et Zaza. Léo et Madeleine attendaient un couple d'Africains, or les trois hommes étaient venus seuls. Alors, à 50 kilomètres plus au nord, ils avaient trouvé Joséphine Baker et les Milandes, qui ne cessaient de s'ouvrir au monde.

Arrivés aussi d'Afrique, des « petits frères » du Sénégal, de la Côte d'Ivoire. Ce n'étaient pas des orphelins, cependant ils venaient quelque temps apprendre dans la même école communale que nous, après la Suisse, dans les années 1963, sans que l'on cherche à comprendre pourquoi (c'était juste avant la venue des précepteurs, et ma tardive entrée en sixième à l'âge de 12 ans). Et ils s'en repartaient chez eux, après quelques mois, comme ils étaient venus. Nous nous accommodions naturellement les uns des autres… Maman nous « fraternisait », comme si notre famille ne devait être jamais assez nombreuse. Elle était comme un grand arbre central, et nous, nous étions les branches successives sur lesquelles des ramifications saisonnières venaient s'agréger. Elle commençait lentement à nous ouvrir au monde extérieur.

En juillet 1965, c'est notre tour de faire connaître « la tribu arc-en-ciel » au-delà des frontières ; de la faire voyager dans le cœur des autres, d'y laisser l'empreinte et la trace d'une fraternité possible entre tous les êtres. De l'autre côté de la Méditerranée, en Algérie, depuis trois ans, les années de braise ont fait place à l'enthousiasme et à l'indépendance. Depuis longtemps, nous avons été invités à nous y rendre par le premier président de la République algérienne, Ahmed Ben Bella ; l'année suivante, la plus grande île des Caraïbes, Cuba, nous ferait le même accueil.

Forte de sa réputation de résistante pendant la guerre et de dénonciatrice de la politique américaine à l'égard des minorités, notamment la minorité noire, maman étonne, subjugue, touche le cœur de jeunes chefs d'État rompus à la guerre, tournés vers le marxisme. Sous leurs habits de révolutionnaires, ils ressentent peut-être la profonde empathie qu'elle exprime à ceux qui ont conquis leur liberté au bout du fusil et au prix du sang. Et puis, pour ces hommes encore habillés de pureté, qu'y a-t-il de plus royalement attendrissant que des enfants dans une égalité parfaite, balayant, par leurs origines, tous les préjugés d'un monde injuste ? De plus, les autorités algériennes savent que maman a arraché à la guerre deux de leurs enfants, Marianne et Brahim-Brian, fille de l'oppresseur et fils d'opprimé : elle leur a inventé une nouvelle fraternité, une vérité humaine qui a pris le pas sur la haine, et cet acte de foi doit résonner quelque part dans leur conscience comme le symbole exemplaire de l'inimaginable. Au mois de juin, le fin lettré et exubérant Ahmed Ben Bella a été renversé par l'austère et rigide Houari Boumediene. Mais l'invitation est maintenue.

Avant de franchir la mer sur un beau paquebot blanc, nous nous apprêtons à prendre la direction de Marseille. Mais la veille du départ, maman disparaît, happée par un meeting sur les brassages interethniques autour de la Méditerranée ; sans explication, elle nous plonge, le temps d'une courte nuit, dans une sorte de centre de loisirs aux contours flous, peuplé d'enfants précarisés, indigents, rudoyés par une discipline aux relents de colonie pénitentiaire. Pas d'hôtel sur la Canebière, de promenade sur le Vieux-Port ou de visite au château d'If ! A-t-elle prémédité ce bref enfermement afin de nous confronter à des enfants défavorisés ? Certains d'entre eux, bercés par les mauvaises fées de la schizophrénie, offrent des mines de suppliciés, vagissent dans une espèce de joie indéfinie ; ils se mélangent à des petits durs au cuir tanné, aux yeux fixes et aux visages déjà adultes. Derrière nous, il y a la « maison du Fada » (c'est ainsi qu'ils nomment la « cité radieuse », conçue par Le Corbusier). Cet ensemble avant-gardiste évoque une immense étagère à multiples étages, avec de gigantesques bouteilles posées dessus. On partage leur maigre repas, mais on n'a pas le temps de nouer des liens car il faut déjà rejoindre des dortoirs gluants de chaleur, collés les uns aux autres. Une fois les portes rabattues, ils ne forment plus qu'une longue travée, facile à surveiller d'un seul coup d'œil.

Soudain, au milieu de la nuit, une vague punitive déferle, arrachant les dormeurs les plus fragiles à la stupeur naturelle qui illumine leurs visages. Avant de comprendre que je ne rêve pas, je suis projeté sur le lino douteux. Un ordre menaçant, valable pour tous, emplit l'espace ; un petit morceau de métal gît à mes pieds. « Bras en croix ! Genoux à plat sur la règle ! Sans te retourner ! » Je m'exécute machinalement. Le fer s'enfonce dans les jointures de mes genoux, je n'ose pas me retourner vers la clameur de cris déchirants qui croît dans mon dos. Des gifles claquent sur les nuques des enfants avec un bruit de planche brisée. Je suis pris dans la nasse d'un malentendu, bêtement je crois que maman va apparaître, et le cri de mon identité me reste dans la gorge. Finalement, on me reconnaît, on me relève, on s'excuse presque. Des surveillants en bas de pyjama, front de taureau et torse inondé de sueur, regagnent leur chambre, non sans avoir distribué quelques coups au passage. Qu'est-ce qui a déclenché cette fureur qui commence à s'éteindre ? On ne sait pas… Derrière moi, les corps de certains enfants se tordent dans la nuit étouffante. Pour la première fois à ma conscience, le monde où je vis a un enfer.

Le lendemain soir, le *Ville de Kairouan* s'éloigne de Marseille et, tandis que nous contemplons les calanques et voyons les maisons s'effilocher de plus en plus indistinctement, que nous cherchons du regard « la maison du Fada », un peu à l'écart, maman devise avec des gens, peut-être des journalistes. Mes frères se sont trouvés pris dans le même étau d'un châtiment incompréhensible, mais chacun résiste au plaisir de se faire plaindre par maman – ou de la voir afficher un petit sourire énigmatique. C'est l'été, mais l'air rend une humidité poisseuse, prélude à une traversée nauséeuse. Très vite, la mer forme des creux, qui se renforcent au large. Nous ne sortons plus de notre cabine. Après une quinzaine d'heures passées dans un roulis qui nous ligote l'estomac, la mer s'apaise et, en nous aventurant à la proue du paquebot, nous apercevons, dans un ciel changé, les côtes de l'Algérie qui se découpent et enserrent un grouillement immaculé, rampant sur ses flancs ; peu à peu, comme nous nous rapprochons de la terre, la ville et la Casbah affichent leur différence. Alger la blanche… En une seule nuit, redevenue plus blanche encore sous le ciel calme et lumineux, sans la moindre ride d'un nuage à l'horizon… Alger la blanche, rebaptisée depuis trois ans Al-Djaza'ir l'Arabe, ville lumière d'Afrique.

Comme un rituel huilé depuis quarante ans, lorsque maman débarque dans une gare ou un aéroport, n'importe où dans le monde, une jeune fille intimidée lui offre un bouquet de roses. Évidemment, la presse et la télévision d'État sont à pied d'œuvre dans la gare maritime. Un discours de bienvenue, dans une langue recherchée, précise, châtiée – peut-être la seule chose revendiquée, encore fièrement, de la France – est prononcé par des officiels dithyrambiques. Dans la ville arrosée par cette lumière qui justifie amplement son nom, la chaleur de midi, comme projetée par une immense forge à ciel ouvert, trouble la blancheur de milliers de djellabas. Par les vitres baissées des voitures, aux feux rouges et aux passages piétons, on découvre sur les visages de celles qui ne se voilent pas complètement des tatouages bleu-vert, des mains peintes au henné. Des enfants de tous âges et des jeunes envahissent les arcades et les places, sillonnent de long en large le bord de mer. Après le million de morts de la guerre, la jeunesse se montre partout et montre l'avenir.

Le soir même, une réception est donnée à l'ambassade de France en l'honneur de maman. Le président Boumédiène est là. Visage chevalin, osseux, avare d'expressions, malgré le costume et la cravate, il a gardé cet aspect maquisard du djebel qui se fond dans le décor. Il y a un côté passe-muraille chez cet homme de 47 ans. Il sourit, montre des dents jaunes, allongées comme son visage. Il lève son verre de jus de fruit et propose un toast à la « grande artiste », au tiers-monde, puis finalement à la « grande artiste, depuis très longtemps, du tiers-monde »… Ensorcelant encore une fois l'assistance qui s'interroge certainement sur son âge, très élégante dans sa gandoura turquoise brodée d'argent, la « grande artiste » porte ses 60 ans comme la preuve d'une longévité artistique et militante.

D'un vestige de colonisation à l'autre, nous résidons quelques jours à l'hôtel Saint-Georges, un monument en pierre de taille qui domine la baie d'Alger comme un rappel obsédant de la présence française, gardien intemporel de sa culture. Toutefois, si à ses pieds les jardins déroulent les mêmes pelouses que jadis, avec ses lutteurs aux muscles de marbre et ses Vénus frappées de cécité (comme en certains endroits du parc des Milandes), le gravier étincelant ne crisse que sous les pas des détenteurs du nouveau pouvoir. La première fois, cela m'avait paru étrange de constater la pâleur effrayante de ma peau parmi cent autres ornées de moustaches sombres, dorées comme des sables différents ! Tous les hommes se trouvent sur la terrasse de l'hôtel lorsque la boule orange s'abîme lentement dans la mer, habillant d'incendie le crépuscule. Une lumière presque rouge allume la façade du bâtiment pendant un instant, et l'incroyable assemblée de ces hommes qui ont osé vaincre la France se découpe sur ces pierres du passé comme une allégorie victorieuse.

Deux jours plus tard, notre petit cortège s'engage sur la route qui longe la mer et mène à Bejaia, à 200 kilomètres à l'est d'Alger. À l'entrée de la ville, un panneau usé par le temps proclame vainement BIENVENUE À BOUGIE, son ancien nom français. Les véhicules s'immobilisent dans les collines qui masquent les contreforts de la Petite Kabylie aux habitants du bord de mer. Au milieu d'une pinède s'ébattent une nuée d'enfants criards, autour d'un ballon tout fumant de poussière rouge. Sous leurs pieds nus monte cette épaisse poussière qui dissimule en partie leurs corps dévêtus, à l'exception d'un short. Ils n'ont pas de cheveux, et de loin, ressemblent à des soldats nains. En s'approchant, on découvre des crânes teigneux, souvent rasés au plus près, des plaques de gale sous le baume de la poussière, rougeoyantes au soleil. Mais la plus inattendue et la plus injuste de ces afflictions est ce globe laiteux comme l'œil crevé d'un chat, que quelques-uns arborent. Des mouches vibrionnent autour de leurs corps, butinent leurs plaies au moindre relâchement des muscles tendus. C'est une sorte de colonie de vacances. Beaucoup d'entre eux sont des orphelins du FLN ou de l'ANL, d'autres viennent des régions subsahariennes, poussés par des misères endémiques, plus puissantes que les inflexions de l'histoire. Certains sont blonds aux yeux bleus, certains, café au lait, quelques-uns encore, aussi noirs que mes frères Koffi ou Luis. Ils nous regardent d'abord avec une curiosité avide, déconcertée. Puis, peu à peu, les mains entrent en jeu, la gestuelle s'internationalise.

L'énigme de la nuit marseillaise s'évanouit devant les portes de cette colonie où, n'ayant pour toute arme que l'innocence de leur jeunesse, d'autres déshérités nous attendent… Comme une nouvelle étape initiatique. C'est la raison cachée pour laquelle nous sommes en Algérie pour deux semaines. Maman a assorti cette expérience insolite à l'invitation du gouvernement. Ce jour-là, personne ne peut partager son émotion de nous voir fraterniser avec ces petits martyrs de la vie et de la guerre. Si elle croit à la force immédiate des symboles, elle est sûre que ces jours ouvriront plus vite et plus largement notre conscience sur la misère du monde et l'humilité qu'elle doit imposer aux plus chanceux. Le temps a donné raison à sa croyance. Mais sur le moment, il m'a semblé que nous n'avions fait que jouer au football sur un champ de poussière. On se comprenait du regard, on s'expliquait avec les mains, leurs pieds, durs comme de la pierre, écrasant nos belles sandales, et les centaines de « Françaoui ! », qui célébraient chaque but de ces grappes d'enfants abîmés avant de mûrir, montaient en moi, avec ce nuage rouge qui collait la sueur à notre peau, ainsi que la senteur des pignons torréfiés par le soleil, tandis que l'immense plaine étincelante de morceaux de quartz bouillonnait et attendait la disparition du soleil pour redevenir une mer humble.

Pendant ces quelques jours, maman semble heureuse. Le soir, elle défait son foulard. À l'abri des journalistes, elle n'hésite pas à laisser baigner ses cheveux calcinés à la brise du large, marchant dans le sable, ses chaussures à la main (partout, elle marchera pieds nus dès que l'occasion se présentera). Je la regarde dans le soleil couchant ; elle doit être non seulement heureuse, mais pleine d'espérance pour l'avenir. Le Meccano affectif entre tous les membres de sa tribu a pris corps, leurs attaches se révèlent peu à peu sans faiblesse, et maintenant ils s'imprègnent des douleurs du monde. Un jour, ils formeront une chaîne indestructible autour des Milandes… Un jour, quand elle ne sera plus là, croit-elle avec ferveur.

Après le voyage africain, il nous arrive, aux vacances scolaires, d'accompagner maman en Scandinavie, à Stockholm et Copenhague, en Hollande à Amsterdam… Parfois, elle nous fait monter sur scène et nous chantons une ou deux chansons. On a appris par cœur et pour toujours « Frère Jacques », la même comptine en néerlandais (*Broeder Jacob, broeder Jacob…*), et la chanson en hébreu *Hava Nagila.* Maman présente ses petits compagnons de la chanson à la foule admirative et attendrie. Au moment d'entrer en scène, je me souviens du théâtre à Zurich, de la haie brûlante des projecteurs, de la houle grondante de plaisir et d'attente du public… Je n'ai pas peur. Frères et sœurs, nous sommes solidaires, protégés aussi par l'effet de masse. Il suffit de regarder vers le haut, comme si quelqu'un d'invisible et de silencieux s'y trouvait, pour échapper à la marée basse d'un public remuant dans l'ombre.

Un an après l'Algérie, en 1966, c'est le voyage dans une autre nation, au bout de la terre… Enfin, ce qui nous semble le bout de la terre après douze heures d'avion : Cuba.

Le jeune maître de l'île a mis à notre disposition une grande maison isolée au bord de la mer, gardée par des pins longilignes. Il entre par les fenêtres une odeur de résine et de poivre doux. La première nuit, on se sent une âme de découvreur de continent. La lune, plus opaline et plus pleine qu'ailleurs, projette un énorme sillon d'argent qui ouvre la mer en deux, de l'horizon à la plage. Les bateaux d'Amerigo Vespucci et Christophe Colomb ont dû traverser ce faisceau argenté, avant de poursuivre leur route vers le nord. En plein jour, à la lumière d'un ciel profond, vertigineux et qui nous tend les bras, nous découvrons des filons turquoise qui ondulent sous l'eau avec une précision dansante comme de grands poissons de légende. Pour atteindre ce mirage, on doit traverser une bande de sable dont la moindre vibration fait surgir des milliers de petits crabes rouges, convoqués ensemble à un mystérieux festin, agitant leurs pinces, les faisant claquer avant de s'enfouir.

Après quelques jours de repos, de course folle à travers la bande de sable blanc pour échapper à cette armée de crustacés, de mille précautions pour ne pas s'endormir dans la même pièce qu'une araignée aussi grosse que le poing, nous sommes conduits à la capitale. La Havane a revêtu son habit de clameurs silencieuses, qui ne la quitte pas depuis sept ans : YANKEES NO, CUBA SI ! EL PUEBLO UNIDO JAMAS SERA VINCIDO ! EN EL CORAZON DEL PUEBLO ! s'étalent sur tous les murs de la capitale. On les découvre, on ne voit pas les hommes et les femmes qui les ont écrits, et pourtant on a l'impression d'entendre des milliers de cris gonflés par la certitude sacrée de pouvoir indéfiniment repousser l'ennemi américain. On aperçoit à tous les coins de rue, sur les places, d'immenses panneaux sur lesquels des GI's dressés, menaçants, acoquinés avec les policiers de l'ancienne dictature de Fulgencio Batista n'hésitent pas à faire feu sur des paysans désarmés et des enfants. La nuit, face à la mer, le tracé des balles sur les victimes est rendu par un clignotement lumineux serpentant sur ces gratte-ciels en bois, comme s'ils devaient se voir jusqu'en Floride, distante de 200 kilomètres à peine. La fantasmagorie anti-impérialiste se donne à voir en boucle comme les images d'un film dénonciateur.

Ce jour-là, d'innombrables voitures sont à l'arrêt. Comme de somptueuses créatures perdant une à une leurs cheveux, leurs dents, des vestiges de Buick, Chevrolet et autres Cadillac des années 1950 roulent sans portières, sans pare-chocs, parfois sans capot. La Havane respire un air de Paris au mois d'août, la densité humaine y est absente, mais ses habitants ne sont pas partis bien loin. Ils s'entassent au cœur de la ville, dans le sanctuaire d'un port mythique, sacré au-delà des considérations fraîchement révolutionnaires. Pourtant, la foule mordorée, pointillée de milliers de têtes noires, blanches et créoles, n'est pas venue acclamer son équipe de base-ball, mais une tribune élevée au plus haut des gradins et drapée dans les couleurs de la nation. Depuis un long moment, Fidel Castro harangue, fustige, exhorte, promet. Avant qu'il ne reprenne son souffle et un peu d'eau, une exaltation grave et joyeuse s'élève des gradins comme de lentes salsas, des chants patriotiques sont entonnés et sa voix de tribun marathonien en est transpercée d'émotion.

Alignés en rangs d'oignons, avec une maman droite comme un I, nous ne distinguons qu'un index qui pique l'air avec une ardeur désordonnée et un coin de barbe qui étincelle régulièrement dans les rayons de soleil. Au milieu de la multitude houleuse de chapeaux de paille et de têtes nues, je me sens comme une bougie fondant au soleil ; jusqu'à la dernière parole du dernier serment, maman veille à ce que nous restions en pleine lumière. En repensant à cette scène de ferveur extraordinaire, où un peuple uni comme les doigts de la main autour de mots neufs – dignité, émancipation, indépendance – ressent cette griserie de l'invulnérabilité qui défie des forces monstrueuses de puissance, je me demande ce qui se passait dans la tête de maman à cet instant, elle, l'Américaine, la Noire, insoumise et rebelle à un pays qui s'enfonçait de plus en plus dans la guerre du Vietnam. Auprès de ce peuple debout et fier qui la vénérait comme une grande sœur et une bienfaitrice, elle avait, si besoin était, la certitude que les années de lutte, de suspicion et, finalement, de proscription n'avaient pas été vaines. La longue marche avait été dure et meurtrière jusqu'à la reconnaissance des droits civiques des Noirs (Lyndon Johnson, le président texan, les avait paraphés un an auparavant). Son activisme forcené aux côtés de la grande organisation antiraciste NAACP (Association nationale pour l'avancée des gens de couleur) née avec le siècle, ses multiples prises de position contre la tentation paranoïaque du maccarthysme au début des années 1950, son soutien inconditionnel à Martin Luther King depuis la marche vers le Capitole en 1963 et son discours prophétique *I have a dream*, sa compréhension vis-à-vis du mouvement insurgé des Blacks Panthers et de Malcolm X, assassiné un an auparavant, mais aussi sa fidélité envers l'activiste et agitatrice noire Angela Davis, l'avaient désignée au FBI comme sympathisante communiste, *persona non grata* sur le sol américain (à l'instar de son ami Charlie Chaplin exilé en Angleterre pendant de longues années) : il avait fallu que le ministre de la Justice du président Kennedy, Robert Kennedy lui-même, lui délivrât un visa d'entrée, geste qu'elle n'oublierait jamais. Alors elle avait défié son pays de naissance, usant de la moindre parole qui lui était donnée. Elle avait ainsi parrainé le premier congrès d'intellectuels noirs du monde – dont beaucoup considérés comme « subversifs » – à Paris, au début des années 1950. Elle avait enregistré et chanté gratuitement plusieurs fois déjà, à Cuba, pour le peuple, avant la révolution. À cette époque, les grands hôtels du bord de mer (comme le Malecon), propriétés de la mafia américaine, avaient fermé leur portes à la « négresse communiste ». Ce qui ne l'avait pas empêchée de dénoncer par voix de presse la mainmise de prévaricateurs sur l'île, et d'être à l'unisson du ressentiment d'un peuple captif, réduit au silence, mais dans la mémoire duquel se gravait déjà le nom de Joséfina

Baker – à Cuba peut-être plus qu'ailleurs, entrer dans le petit panthéon des bienfaiteurs de la nation n'est pas une marque vaine d'admiration et de gratitude.

Oui, toutes ces années de combat pour la dignité humaine s'enrichissaient de cette journée caniculaire où un jeune chef d'État promet à son peuple un avenir radieux… Depuis la révolution de 1959, des intellectuels et des artistes du monde entier convergeaient vers l'île, convaincus d'une trouée durable et contagieuse dans le sombre tableau des dictatures sud-américaines et d'Amérique centrale. Et puis, juste avant de commencer à emprunter ces nombreux chemins vers l'adoption, il n'est pas impossible que ma mère se soit trouvée confrontée et confortée, au milieu de ces enfants de La Havane qui rayonnent de trois couleurs de peau dans une égalité parfaite, à la vision d'un monde possible, plus élargi encore, qui grandirait autour d'elle.

Que ce soit en petit convoi, sous la protection du ministère de l'Intérieur, ou en avion à hélices, d'un bout à l'autre de l'île, nous découvrons avec nos yeux d'enfants, dans les écoles et les facultés, l'aspect le plus indiscutable du miracle cubain ; l'éducation donnée à tous, du haut en bas de l'échelle sociale. L'acte premier de cette révolution dans la révolution a été signé en juin 1961, par le commandant en chef Fidel Castro, symboliquement au cœur du quartier général de la mafia, à l'hôtel National de Cuba, à La Havane. Dans ses gènes de révolutionnaire et de théoricien, il sait que nombre de dictatures s'abattent par la conscience éveillée des peuples. Dans le même temps, des apprentis médecins de certains pays d'Amérique du Sud sont formés à Cuba, à charge pour eux de revenir pratiquer dans leur pays et de propager la bonne parole. Cette mise en pratique d'échange, entre idéologie et perfectionnement incomparable, embryonnaire dans ces années-là, ne cessera de s'amplifier au cours des trente années suivantes, à mesure que les dictatures tomberont, une à une.

Après ces incursions dans ces sanctuaires du savoir dévoilés à de très rares privilégiés venus de l'extérieur, nous retrouvons notre petit peuple de crabes rouges qui monnaient toujours le passage jusqu'à la mer en nous obligeant à suivre des yeux leur brève migration en surface. Le séjour touche à sa fin. Un bruit court de bouche en bouche, revient à son point de départ, circule de nouveau sans que personne ne sache à quelle source adulte il a pris vie. Les jours passent et il commence à s'éteindre. Puis maman confirme l'événement : Fidel Castro va venir nous voir, et avec lui la télévision et la presse. Il nous faudra lui témoigner notre reconnaissance dans sa langue, avec les rudiments d'espagnol appris aux Milandes. Deux ou trois jours encore, sans plus de précisions ni de préparatifs particuliers, et la rumeur s'éloigne de nouveau. Mais la veille de notre départ, en fin d'après-midi, la réalité tombe, littéralement, du ciel ; brillante et assourdissante, elle déchire le voile nébuleux du dernier doute. Les pales de deux hélicoptères font ployer la cime des grands pins maigres. À mesure qu'ils descendent, un nuage de sable blanc s'élève et détruit la torpeur apparente de la plage. Curieusement, dans notre imaginaire d'enfant, nous songeons tout de suite à l'armée de crabes : chacun veut croire qu'elle est dispersée dans l'espace et qu'elle retombera à des kilomètres d'ici. Les hélicoptères se posent. Au même moment, des crissements de pneus geignent dans notre dos ; sur le pas de la villa, des portes claquent, des ordres brefs brisent le silence. Les hélicoptères ne sont là que pour assurer « sa » sécurité… *Tío Fidel* (« oncle Fidel ») va arriver par l'entrée, la double porte vitrée qui ne laisse transparaître que des taches uniformes. Les pas s'accélèrent, un ordre fuse, les silhouettes se disciplinent et s'alignent, au garde-à-vous, de part et d'autre des battants qui s'écartent. *Tío Fidel* s'avance en premier ; c'est bien le colosse qui a rugi pendant des heures dans l'immense stade dédié au base-ball. Une apparence d'humilité et un souci d'égalité qui l'a lié à ses hommes pendant les longues années de guérilla dans la Sierra Maestra l'habillent, au sens propre du terme : il porte le même treillis vert sombre que ses soldats, sans distinction particulière de grade sur ses épaulettes en losanges rouge et noir, frappées d'une étoile blanche.

Tout de suite, il serre maman dans ses bras avec quelques mots d'anglais qui ressemblent à une blague, car elle éclate d'un grand rire, mais elle lui répond dans un espagnol châtié qui l'impressionne et paraît l'émouvoir. Les grandes mains du *Commandante* ont pris celles de maman, l'affection entre combattants qui se rencontrent se déploie, ils tombent, l'un envers l'autre, sous un charme respectif. Puis c'est à notre tour d'embrasser *Tío Fidel.* Sa barbe est humide et soyeuse, il prend l'allure d'un père Noël déguisé lorsqu'il soulève les plus petits, en répétant leur prénom d'une voix joyeusement grondante. D'ailleurs, ce jour-là, il devient notre père Noël du bout du monde. Les cadeaux qu'il a apportés ont beau être identiques, rien ne nous ôte la fierté de réapparaître devant lui en batteur de l'équipe nationale de base-ball ou de revêtir un uniforme en tous points identique au sien. Pas un seul détail ne manque à ces habits confectionnés pour des enfants : ni le casque et le large gant de cuir brun-jaune du joueur accroupi derrière le batteur (*pitcher*), ni les épaulettes tricolores qui déclenchent une promesse de la bouche de tonton Fidel : intégrer un jour son armée !

Le temps passe plus vite qu'un après-midi de Noël. Tout le monde a voulu tenir une batte, et la piscine est constellée de balles de base-ball. En voulant monter l'exemple, *Tío Fidel* et ses officiers n'ont pas ménagé leur maladresse. Maintenant, maman et lui répondent aux questions de la presse. Pour la deuxième fois en quinze jours, j'observe les mains du *Commandante* s'agiter irrépressiblement. Même à l'abri d'une foule, de son doigt il pique l'espace comme s'il voulait recoudre l'air. À côté de lui, la jeune femme qui lui tend son micro semble pétrifiée. Quant à maman, doigts croisés sur ses genoux, parfaitement à l'aise, elle répond avec une suave et modeste évidence dans la voix à une question sur la source de son amour des enfants et le mystère de l'osmose progressive entre adoptés :

« Vous savez, c'est en ayant observé longtemps les soi-disant adultes que j'ai compris qu'avec de tout petits enfants rien ne serait pareil… Et c'est aussi dans votre merveilleux pays que l'idée m'est venue d'une possible fraternité… Noirs, Blancs et métis vivent en harmonie raciale complète… C'est un exemple pour le monde. Et puis mon cœur de maman peut vous dire que ce n'est pas difficile d'aimer quand on le veut ! »

Le lendemain, nous quittons Cuba, des rêves plein le cœur, et la promesse de revenir un jour dans l'île (en 2000, un hommage sera rendu à maman à Cuba et nous serons invités officiellement par le gouvernement).

Si les pays sont comme des êtres rencontrés, suscitant regrets, déceptions ou promesses de fidélité, Cuba est l'une des plus belles histoires d'amour de maman. Elle y a découvert la dictature et l'écrasement, mais elle a vu sa libération, comme à Paris en 1944. Elle n'a pas eu le temps d'être déçue. Che Guevara a quitté l'île en 1965 et n'a pas encore trouvé la mort, loin d'ici, en Bolivie ; et la Révolution nationale n'a pas dévoré certains de ses enfants – elle le fera plus tard. Des intellectuels, comme Sartre et Bertrand Russell, sont déjà revenus de l'île, enchantés et convaincus d'un modèle pour d'autres nations. Mais même la plus belle des révolutions est guettée par le dévoiement de l'idéal et le culte de la personnalité, puisque ce sont, toujours, des hommes qui la conduisent… Et sous le révolutionnaire perce patiemment l'autocrate.

En 1966, à 60 ans, après plus de quarante ans de carrière, maman, qui ne buvait ni ne fumait, aurait pu dépasser la ligne des 80 ans, dans l'adulation générale. Comme Dietrich et Garbo, confinées dans de somptueux appartements, asphyxiées de louanges par des adorateurs décatis et rhumatisants, elle aurait dû accéder à cette mythologie qui succède au succès et lui survit, bien avant sa mort. Elle avait depuis longtemps son ticket pour le train des « monstres sacrés » (célèbre formule de Jean Cocteau pour désigner les très grands artistes) que chacun épingle dans son firmament secret. Mais c'était mal la connaître : ce n'était tout simplement pas un rôle à sa mesure. Il fallait qu'elle s'inventât en maman universelle dans un petit coin de France, dur à l'enchantement et rétif à la magie du verbe. C'est pourtant là qu'elle brandit une certaine idée de l'être humain et qu'elle la fit rayonner dans toutes les directions autour de son village… Autour d'elle ! Ces sauvetages d'enfants, nos adoptions, furent son roman noir de l'enfance volée, transformé en roman rose, puis en livre arc-en-ciel. Et le château des Milandes, son sanctuaire d'innocents, aurait dû être un endroit inaccessible à la prédation… Un château dans l'espace !

Mais les dés étaient pipés. Depuis que la convoitise a vaincu le premier rêve de fraternité dans le monde, tapi quelque part, quelqu'un sait attendre. Et autour de la terre des Milandes, aussi, *ils* savent attendre ! En 1938, maman a tourné le dos à l'asile de fous racistes qui l'a vue naître, elle est devenue française. Mais avide, elle ne le sera jamais. Pas madrée pour un sou, elle ne possédait pas une once de ce savoir-faire de la comédie humaine. En dépit de sa prodigieuse traversée, au gré de personnalités hors du commun et de circonstances brûlantes, elle n'aurait pas été capable d'arracher le masque d'un seul petit bourgeois de province. Elle brûlait de convaincre et de faire partager son idéal, tandis qu'ils s'économisaient en prudents calculs.

C'est au cours de cette année-là, pas même deux ans avant la chute des Milandes, que j'ai éprouvé un malaise latent, la diffuse sensation d'une menace. J'allais vers mes 13 ans. Le monde venait aux Milandes, et découvrait, au milieu de nulle part, un autre monde qui avait jailli... La possibilité d'une vérité humaine différente. Peut-être étions-nous devenus trop éclatants de singularité dans un décor « ennemi » de la lumière, petite province persévérant dans l'immuable discrétion ? Trop d'audace, sans doute, ne pouvait demeurer impunie !

De scènes nocturnes en personnages présents à ces dîners que maman donnait, j'ai reconstitué une certaine vérité de ces moments où, justement, la vérité était absente. Venaient à la maison des marchands de foie gras, quelques hobereaux, et toute une petite caste de notables gris et intemporels que l'on retrouve à chaque époque. La plupart d'entre eux arrivaient de Sarlat et de ses environs. Certains soirs, avec mes frères, nous baisions la main de leurs femmes, avant de nous retirer d'une terrasse que de hauts chandeliers rejetaient peu à peu dans une ombre propice à l'hypocrisie. Les « visiteurs du soir » pêchaient d'abord au large. Ils faisaient parler maman de ses tournées récentes ; on les entendait s'ingénier à prendre un vif intérêt à l'évolution politique de tel pays, à l'avancée sociale d'un peuple et à ses aspirations dont, au fond d'eux, ils se fichaient royalement. En revanche, leur esprit fiévreux s'émoustillait devant le degré d'intimité de maman avec quelques chefs d'État, des princes ou de grands artistes. Ils se laissaient même aller à une sorte de griserie ; désinhibés par les confidences de maman, ils osaient commenter des révélations chipées çà et là dans des magazines, analysées par leurs soins, à propos, par exemple, du très récent mariage de la jeune princesse Margrethe de Danemark avec un noble de la région, Henri de Laborde de Monpezat, devenu le prince Henrik de Danemark. Mais leur point de vue du monde accordait, avant tout, d'immenses qualités à ces parfaits inconnus que jamais ils ne rencontreraient. Seule leur passion pour la notoriété guidait leur curiosité. Au fil du dîner, ils s'embrouillaient dans leur litanie de compliments, se reprenant les uns les autres, comme des enfants trop pressés de répondre et pris en défaut d'inexactitude. Mais, s'en rendaient-ils compte ? À force de renchérir dans un délire d'admiration bornée, ils ne faisaient que s'éloigner de leur hôtesse, si familière, elle, des noms égrainés. J'imagine que, dans un éclair de lucidité, ils prenaient conscience que leurs existences se valaient sous le couvercle étriqué de leur province, et ils devaient penser, avec un sourd ressentiment, qu'une reine du monde leur faisait la charité d'un dîner en leur compagnie. Rien de tel pour alimenter une jalousie épaisse.

C'est vrai que nombre de ces personnages illustres fascinaient ma mère. Pour elle, conduire des peuples les distinguait définitivement de l'ordre humain. Mais elle pouvait s'enflammer en plaçant sur un piédestal des hommes et des femmes dont elle était l'égale en célébrité – c'était sans flagornerie à son égard. Incertaine sur l'exactitude du mot français, elle traquait dans la bouche des invités, plus cultivés qu'elle, la sûreté de son jugement. Peu à peu, l'étonnante couleur de ses rencontres cédait à des indiscrétions sur la campagne qui nous entourait. On était ramené à la terre ferme, à ses bruits, ses délations sans fondement. Et puisqu'on se trouvait ce soir aux Milandes, autant s'enquérir, « par amitié », bien sûr, de sa situation financière. Des errements de gestion dans l'ensemble touristique du village, une surfacturation presque généralisée dans des travaux de bâti, et un détournement récurrent des denrées alimentaires étaient autant de lourds nuages qui grossissaient à l'horizon. Malgré les avertissements des fidèles et des lettres perspicaces de cassandres dévoués, maman s'en alarmait sans y croire : « On peut toujours trouver de l'argent, mais on ne peut pas détruire une idée ! », affirmait-elle. Pourtant, même si les touristes ne venaient plus en aussi grande foule, chaque dîner voulait éprouver la réalité de la corne d'abondance du domaine. Je suis sûr que chacun évaluait ce qu'il pourrait emporter le jour venu, sans aucun risque. Parmi les convives autour de la table, il y avait des précieux et des terriens. Les amateurs de Louis XIV, Louis XV et Louis XVI, Lalique, cristal, Baccarat, vermeil et autre piano à queue d'or fin… Et ceux qui ne juraient, viscéralement, que par un champ de noyers, de tabac, de blé ou de maïs… Un verger ou un potager… Une guinguette au bord de l'eau ? Pourquoi pas ?

Mes frères et moi nous amusions de ces salamalecs et de leur grandiloquence, qui redoublaient lorsque le champagne Laurent Perrier était servi.

Perchés à cheval sur le bord des fenêtres, dans l'ombre de la cour carrée, nous hésitions à viser leurs crânes avec les fientes de pigeon thésaurisées pour la circonstance… Car comment épargner à coup sûr la perruque de maman ? En ce temps-là, c'étaient surtout les gloussements intempestifs des femmes qui nous horripilaient et que l'on cherchait à réduire au silence : « Ce champaaagne ! Ce champaaagne ! Ma chère Joséphine, c'est tout simplement diviiin ! »

La cire des chandeliers s'est figée, et le cœur ardent du village ne bat plus, mais j'ai gardé à l'esprit ces visages patelins, et la médiocrité satisfaite qu'ils étalaient dans ces dîners.

S'ils n'étaient plus aussi nombreux qu'avant, des centaines d'yeux découvraient encore, à l'entrée du village, un acte de foi extravagant.

Après avoir traversé les champs de blé et de tabac d'un pays de cocagne, à demi abrutis par l'air enflammé de l'été, ils pouvaient être saisis par une hallucination devant ces quelques mots, impérieux et définitifs, BIENVENUE AUX MILANDES, VILLAGE DU

MONDE, CAPITALE DE LA FRATERNITÉ UNIVERSELLE, écrits de la main même de maman. S'ils n'étaient venus voir le rêve en chair et en os de Joséphine Baker, ils auraient pu se croire dans le périmètre de doux dingues pacifistes, altermondialistes avant l'heure. Et comme cela se murmurait depuis de nombreuses années dans la région, il fallait être un peu « cinglée » pour oser accrocher ces mots dans une campagne profonde, bardée de silence et de prudence.

Malgré la désertion des visiteurs, le village avait encore grandi. Un champ entier était constellé de huttes rondes, au toit chaumé, semblables à celles que l'on trouve en brousse africaine. Elles délassaient les randonneurs pour une nuit ou plusieurs, gratuitement. La dernière année, le village aurait dû abriter des élèves du monde entier dans ce « collège de la Fraternité » tant voulu par maman. Jusqu'à son ultime jour sur cette terre, elle nourrit des projets humanistes : elle prenait date et y enterrait déjà une part de sa légende. Peu à peu, tout l'édifice touristique s'effaça devant le mirage d'un monde idéalisé. Des dernières palpitations des

Milandes, j'ai moins conservé le souvenir de rares visiteurs que celui de conférences sur le racisme, données au théâtre de « La Guinguette », au bord de la Dordogne – là même où s'étaient produits à leurs débuts, dans les années 1950, Minou Drouet, l'enfant prodige à la guitare, Dario Moreno, Jacques Brel et Dalida, dont Brahim-Brian avait fait sa passion éternelle en découvrant son visage penché sur son petit lit en bambou. Devant un parterre clairsemé, ma mère, vieillie, concentrée, le regard chargé d'une gravité nouvelle, dressait son index vers le ciel ; unique auteur et interprète de sa vibrante certitude, elle martelait : « Le racisme, voyez-vous, c'est une habitude… Mais ce ne peut être en aucun cas une aspiration digne de l'être humain ! »

C'est à cette période, vers la fin juin 1967, que nous quittons une dernière fois les Milandes, quelques jours, pour l'étranger. Je ne sais comment maman a négocié une nouvelle fois cette invitation par un chef d'État qui jouit d'un immense prestige auprès du tiers-monde, mais la mer Adriatique demeure, au sens plein du terme, un souvenir éblouissant.

Arrivée à Split... Comme d'habitude, presse et télévision sont présentes. Maman improvise une conférence de presse pour remercier le maréchal Tito, vainqueur des Allemands pendant la guerre, leader charismatique de l'indépendance, avec Nasser et Nehru, l'un des principaux artisans du non-alignement (les pays qui refusaient de s'aligner derrière le bloc de l'URSS ou des États-Unis). Je ne me souviens pas de grand-chose, si ce n'est la citadelle de Sibenik, sur la côte Dalmate, et des centaines de petites îles qui constituent un archipel à perte de vue. Quelques îles ont déjà été distribuées, dont l'une à la Croix- Rouge. En fait, notre présence en Yougoslavie s'explique dès que l'on aborde un rocher caillouteux, battu par une mer étincelante, préfiguration de ce que pourrait être le collège de la Fraternité s'il ne pouvait voir le jour aux Milandes. Tout y est à faire, à construire, à imaginer. Qu'à cela ne tienne ; maman exporte dans son cerveau les plans qui ont été élaborés aux Milandes par deux architectes. Là, le bâtiment principal, avec ses deux ailes, le terrain de sport, la cafétéria, les logements et les locaux administratifs. Un seul problème, mais il est de la taille du caillou pointu qu'est l'île : aucun emplacement n'est plat, et il faudrait engager des travaux titanesques dans un minéral aussi dur que du silex. En vérité, si par moments maman s'efforce de croire qu'elle peut poursuivre son rêve dans un autre endroit du monde, elle ne l'imagine pas ailleurs qu'aux Milandes.

*

* *

Après Monsieur Louis, le précepteur qui m'a conduit au seuil de ma sixième avec deux ans de retard, je file sur ma cinquième, dans ce fameux internat où j'ai « poussé » ma tante, un an auparavant. Les mois qui précèdent notre départ pour la capitale, faute de lits pour tout le monde, lorsque nous revenons de l'internat, nous dormons sur des matelas. Groupés autour d'un feu de cheminée, nous avalons les aventures abracadabrantes d'un ancien marin venu se mettre à la disposition – autant que sous la protection – de maman. Lorsqu'il pénètre dans son bureau, le premier jour, elle ne lève pas le nez de ses papiers. Au garde-à-vous, il a droit à quelques mots de bienvenue de la part de maman :

« Je ne veux pas savoir ce que tu as fait pour être venu jusqu'aux Milandes... Tout le monde peut faire des bêtises dans sa vie, mais ici on n'a plus le droit d'en commettre... C'est un peu comme la guerre ici ! On veut me prendre les Milandes, et jusqu'au bout je me battrai, même si je dois rester toute seule dans le château ! Je vais être obligée de m'absenter, parfois sans rien dire à personne... Ne cherche pas à comprendre où, et pourquoi, la seule chose qui compte et dont tu es responsable à partir de maintenant, c'est de veiller sur mes enfants comme sur la prunelle de tes yeux ! La menace est partout ! Maintenant, Jean-Claude va te donner sa chambre... »

Pour ma part, je suis ravi de la chute de ce préambule. À lui maintenant les nuits venteuses sous le grenier de la plus haute tour. Il n'a qu'une dizaine d'années de plus que les « grands », mais ses histoires de requins mangeurs d'hommes, aussi éloignées de notre campagne que la face cachée de la lune, nous captivent. Quant à maman, effectivement elle part, on ne sait pas trop où… Entre tournées expresses, quêtes d'argent et SOS sous toutes les latitudes, elle montre une foi indestructible. Elle vieillit à vue d'œil, mais vieillir ce n'est pas fait pour les mauviettes, et ce n'en était pas une. Devant nous, elle en appelle à Dieu, à la Providence, mais certainement aussi à quelque chose de plus simple dans son fond de petite fille de couleur, face aux précipices et aux gouffres de l'existence. J'apprendrai, plus tard, qu'elle avait alarmé Fidel Castro et le roi du Maroc sur la situation intenable de sa citadelle d'amour et de tolérance. Du premier, elle recevra… une caisse d'oranges ; l'autre, mitraillé en plein vol au-dessus du Maroc, vient d'échapper une nouvelle fois à un attentat. De Gaulle, par une discrète entremise, et malgré les événements de mai qui font chanceler tout l'État, provoquant sa fuite mystérieuse à Baden-Baden, s'était proposé de l'aider. Elle n'est qu'un être humain, une femme épuisée de courir et de se battre, une Don Quichotte de plus en plus seule et désarmée devant les moulins menaçants qui l'encerclent. Après tout ce qu'elle a donné à la France, elle peut consentir à se faire aider un tout petit peu, même temporairement, mais devant l'homme qu'elle admire le plus au monde, elle redevient la jeune femme combattante de la guerre, celle qui se subordonne à un principe sacré : ne rien exiger d'un pays qui a fait de vous ce que vous êtes. « La France n'a pas à payer pour les bêtises ! », fait-elle répondre orgueilleusement, drapée dans l'immense et éternel respect pour son chef suprême. Au même moment, en échange de la promesse du règlement des créances, un inconnu lui offre la possibilité de conserver son toit, d'avoir l'usufruit du château jusqu'à sa mort. « Usufruit », mot barbare à son esprit, mot de trafiquant qu'elle ne peut ni ne veut se faire expliquer dans une réalité effective. Laisser à Gilbert Trigano, fondateur du Club Med, le village, le parc, le théâtre de La Guinguette, le Jorama, l'essence même et l'âme des Milandes, tandis qu'elle se consumerait tranquillement au fond de son château ! Son idéal, broyé et digéré dans un concept qui fera ses preuves autour de la Méditerranée ? Elle ne peut tout simplement pas l'envisager. Et puis il y a nous, identifiés à chaque pierre, l'avenir que nous devons perpétuer en demeurant aux Milandes. « Et mes enfants ? » s'écrie-t-elle en anticipant le vide après sa mort.

Pendant les mois les plus durs de sa vie, elle sera guidée par une mystique de la résistance. Être partie de si bas pour arriver si haut ! Ce n'était pas une poignée d'hommes cupides qui pourrait l'arrêter. Je suis sûr que son esprit intégrait la vision d'un archange de lumière terrassant les dragons de l'égoïsme. Quelle grande rêveuse était maman ! Lorsqu'on avait dépassé le champ magnétique de l'artiste, on découvrait une âme débordante d'idéaux dévastateurs, impossibles à réaliser pour un seul être. Mais elle ne le savait pas.

Malgré son allure de campagnarde élégante, jupes écossaises, gilets en daim et foulards noués autour du cou, elle se soucie bien moins de son apparence physique. Sa perruque est souvent négligée et ternie. De grosses lunettes à verres clairs grossissent les cernes qui amenuisent ses yeux. Des bajoues et des rides laissées sans soins témoignent des ans et de la fatigue. Elle fait même un peu peur. Pourtant, c'est ce visage douloureux qui me rattache à elle. Plus jamais elle ne me reviendra à la mémoire aussi humaine... Seules ses mains ne changent pas. Pour chaque fonction, elles montrent la même cambrure, la même grâce qu'autrefois, battements d'ailes de papillon, pantomime d'ombre chinoise – je les ai vraiment aimées, ces mains... Mais mille fois trop tard, une fois immobiles et croisées sur sa poitrine.

Ce n'est plus l'animal gracile, agile et sauvage de sa jeunesse. Et je n'ai plus devant moi la femme enluminée et riante que le soleil darde dans mes yeux, au cœur de ma petite enfance. Ses cheveux huilés et frisés comme les filaments d'une lampe étaient encore très sombres, alors. Chatoyant dans la lumière, un foulard diapré encerclait le dernier étage d'un chignon qui aujourd'hui n'existe plus. Autour de nous, le village est devenu de plus en plus silencieux. Employés et saisonniers sont partis chercher du travail ailleurs. Seule Mme Boudoir, fidèle d'entre les fidèles avec M. Diran, arpente tristement le long et vide restaurant « Lou Tornoli », incapable de quitter les Milandes et sa patronne. Trente ans plus tard, à 82 ans, elle aura encore la voix qui vibre, des lueurs s'allumeront dans ses yeux au souvenir de la magicienne de son existence. Ma mère diffusait un rayonnement incomparable autour d'elle. Ceux qui s'en approchaient semblaient goûter à leur insu un nard opiacé, et leurs visages m'apparaissaient peu à peu soufflés par le ravissement. Une fois franchie la barrière des civilités, l'aura de ma mère s'employait à magnifier la première rencontre avec une extrême précision mémorielle.

Lorsque je reviens de l'internat, en fin de semaine, la maison s'est vidée d'un élément dans le décor, qui réduit un peu plus la conscience visuelle qui a toujours cadré l'ensemble des choses. Avant la curée, maman essaye tant bien que mal de sauver des huissiers quelques meubles embarqués nuitamment vers des destinations confidentielles, des garde-meubles d'amis tenus au secret. Les réflexes de la guerre, la clandestinité, la parole donnée refont surface. Mais malgré l'effritement progressif de mon univers, je ne serai jamais aussi frémissant de vie que dans cette période de transit. Les lumières de l'enfance s'éteignent une à une, mais la prescience mystérieuse, confuse, et néanmoins pleine de certitude d'une vie écrite ailleurs monte en moi. Peu à peu, je me détacherai de l'attraction de maman. Je me sentirai loin du monde où j'avais vécu avec elle jusque-là...

En somme, je deviendrai adolescent.

Les Milandes allaient être hachées menues, ficelées en petits lots et revendues pour des sommes dérisoires. L'ensemble du domaine serait bradé pour 41 millions de centimes de l'époque, le prix du château atteindrait à lui seul la somme rêvée de 21 millions. Entre « connaissances », on se partagerait les 280 hectares de terre, la grande ferme modèle, les cheptels d'animaux, les potagers et les vergers, les champs de noyers. Bientôt, on ferait main basse sur le parc de loisirs avec son théâtre, son cabaret, sa piscine, les logements des employés, les aires de parkings, la Chartreuse, Lou Tornoli, la maison des Deux Amours. Des créanciers à visage découvert et d'anciens « visiteurs du soir » scellaient des pactes. Du côté de Sarlat, on échafaudait la potence des Milandes. Il fallait s'entendre surtout pour ne pas faire monter les enchères. Parmi les bourreaux des Milandes, des déprédateurs obéissant aux donneurs d'ordre, appâtés par un gain facile, très nettement plus bêtes que méchants. Le jour venu, les plus impécunieux se sont contentés d'un lot de meubles : mais tout de même, des lots enrubannés. Dans le crépitement des enchères, la véritable valeur du cadeau n'a pas été entamée. Des statues de marbre du parc jusqu'au lit de maman, chaque objet est passé à la lumière d'une vanité intime, avant, parfois, d'être conservé à l'abri des regards, comme une rapine honteuse… Jusqu'à aujourd'hui.

Un jour, bien après ce grand festin de la rapacité, je retrouve par hasard un minuscule morceau des Milandes dans un endroit hallucinant. Des fragments d'un monde éclaté et disséminé dans la nature me montrent le chemin qu'on leur a fait faire. Je participe à un documentaire sur maman ; et pour l'occasion, je reviens à Envaux, le village où a vécu, derrière les volets bleus d'une belle maison blanche, Monsieur Henri, le cassandre déchirant de l'ultime nuit avant notre départ. Avec l'équipe de tournage, nous venons de pénétrer dans une petite bâtisse tassée et misérable, à quelques mètres de la Dordogne. Elle n'est constituée que d'une seule et unique pièce, avec une table assombrie par le temps et la crasse, un évier ébréché servant à faire la vaisselle, la toilette et la lessive. Les quatre murs sont boursouflés de salpêtre, et l'unique fenêtre est recouverte d'une humidité huileuse. Le courant est acheminé par un fil torsadé tombant de l'obscurité du plafond ; une coupelle en fer-blanc écrase la faible lumière sur le sol, et en plein jour, le haut des murs est nappé d'une nuit artificielle. La vieille femme qui habite là a travaillé, jadis, à l'hôtel des Milandes, la Chartreuse. Trop heureuse de se voir consacrer vivant vestige d'une époque révolue, elle devient tout de suite volubile. On lui cache dans un premier temps mon identité afin qu'elle se livre sans réserve. La conversation est engagée, mais la caméra ne tourne pas encore. De l'organisation qui gérait la Chartreuse, elle est amenée progressivement à se prononcer sur les détournements de denrées, de vin, de champagne qui, nous a-t-on dit, s'y pratiquaient couramment. Alors, tout à coup, son apparence de vieille femme édentée à la peau jaune et rabotée jusqu'à l'os semble appartenir à une autre femme assise à sa place. Sa voix grinçante s'éclaircit, ses deux yeux commencent à rouler dans leurs orbites. Revenues à la vie, ses pupilles semblent éclairées par un défilement de scènes intérieures. Un « Ah ! Ça, monsieur ! », tonitruant prélude à la confirmation des ouï-dire. Impatient de tout raconter, il inaugure la séquence du grand vol organisé : « Dès que la Joséphine s'en allait… » Maintenant la caméra tourne, la lumière des projecteurs à quartz inonde la pièce. Ses pauvres mains s'agitent devant elle, ses doigts perclus de rhumatismes recouvrent la vie. On évoque le vol, et ses lèvres toutes fissurées en tremblent d'excitation… Et moi j'en ai le souffle éteint. Ayant fait toute sa carrière aux cuisines, aux premières loges, elle a vu de ses yeux des caisses de vin et de champagne, des volailles et des foies gras entiers, chaque semaine d'arrivage, détournés de leur destination initiale. Des employés, avec la complicité ou sous l'autorité des chefs de cuisine, trafiquaient et revendaient, ailleurs, leurs larcins. Papa n'étant plus là, maman partie au bout du monde, l'impunité fortifiait l'audace. Ivres de vol, certains d'entre eux ne pouvaient plus s'arrêter ; ils piochaient dans tout ce qui passait à leur portée. Bientôt, ils allèrent jusqu'à dérober un peu de la précieuse vaisselle de l'hôtel, mais son sceau et son nom agissant comme un repoussoir à la vente pour un receleur extérieur, la jouissance de l'objet se cantonnait à un usage personnel, secret.

La vieille femme vibre et branle du chef en progressant sur le chemin d'une confession sans pénitence : « Oh ! mon pauvre ! Comme c'était beau ! Comme c'était beau ce qu'il y avait là-bas ! Mais à prendre toutes ces belles choses, il valait mieux garder tout ça chez soi ! » Elle ne dit pas « voler », mais « prendre ». Elle ne fait qu'exposer son point de vue, et je le répète, j'en ai la respiration coupée. Mes yeux non plus ne croient pas ce qu'ils découvrent… La preuve de ce qu'elle avance se trouve dans cette enclave misérable. Chez elle. Festonnant le haut du mur, une petite batterie de cuisine rutile d'éclats fauves, dans la lumière des projecteurs. Et sur un reste d'étagère calfeutré dans la moisissure, seau à glace et saucières, par leur terne reflet, ne laissent aucun doute sur le fait qu'ils sont en argent. Je suis incapable de lui demander l'origine de ce petit trésor. En moi-même, je me dis, avec un sourire pour ces objets épargnés par les ventes : « Nés, un jour, de la terre, et retournés au silence, voilà ce qui reste du royaume de mon enfance… Quelques casseroles en étain… Quelle résurrection ! » Et cette pauvre vieille descendue dans les profondeurs intouchables, qu'aurait-elle bien pu me bredouiller pour justifier son geste ? Malgré son grand âge, on sent encore chez elle une plébéienne rude, hargneuse, portant en son for intérieur la rage impuissante des pauvres. Mais on perçoit aussi l'habitude, presque le désintéressement de sa condition, et dans un mélange aigu de vanité et de fidélité à sa jeunesse, cette fierté inentamée de posséder quelque chose ayant appartenu à « madame Baker »… Quelque chose qui, avec le temps et le poids de l'autosuggestion, lui appartient. À plusieurs reprises, elle s'est exclamée : « Ah ! Madame Baker, c'était quelqu'un ! » Obsédé par ce compliment, son esprit a fini par me renvoyer la preuve que l'admiration est compatible avec la scélératesse ordinaire.

Des fragments d'un monde disséminé et éclaté, à jamais engloutis dans la nature, viennent de me montrer, par un extraordinaire hasard, un des innombrables chemins qui mènent au cœur de la nature humaine.

*

* *

Elle avait une peau beaucoup plus sombre que la leur, elle venait de très loin d'ici… Une couleur que l'imaginaire de chacun pouvait faire rimer encore avec de lointaines et concrètes colonies de l'empire français. Et pourtant, ce fut elle l'exploratrice et la défricheuse d'un monde clos sur lui-même. Ils vivaient sur leur terre, mais l'horizon était scellé par des existences trop souvent attelées à la raison, des alliances construites sur un champ d'amertume. Parfois une guerre arrivait pour dégrossir un trop lourd ressentiment. Là-bas, la vie des gens, et des paysans en particulier, filait plus vite que l'émancipation du monde. Elle se soumettait d'abord au cycle des saisons ; tout s'organisait autour d'une très ancienne et très précieuse économie de la terre. Et tenter de s'en affranchir s'apparentait à un péché.

La première fois qu'ils virent celle qui n'était pas encore ma mère, ils n'avaient, avant elle, probablement jamais vu de Noire en chair et en os. La célébrité de ma mère s'était aventurée dans d'autres grandes villes que Paris, on pouvait l'entendre sur les ondes de la TSF, mais de là à l'identifier d'un seul coup d'œil… Cette première fois me fut contée par une mémoire paysanne, qui la tenait elle-même de son père, présent sur les lieux.

Ce jour-là, la longue Delage capitonnée de cuir, avec son imposante malle « Innovation » tenue sur le porte-bagages arrière, avait stoppé à l'angle d'une ferme écrasée de soleil. Instinctivement, le chauffeur avait eu raison de s'arrêter en bas de la route en terre battue. De là, on apercevait les cimes majestueuses d'un petit château qui s'élevait dans l'espace, comme une cathédrale au milieu de nulle part. La chaleur de juillet faisait trembler l'air. Tout fumait : la terre, les bêtes, et même les vêtements des hommes qui charriaient un fumier bourdonnant dans une charrette au milieu de la cour. À la vue du couple élégant qui descendit de la voiture par l'avant, ils suspendirent un instant leur pénible labeur. Paumes en appui sur le manche des fourches, chapeau de paille relevé sur leur crâne trempé de sueur, ils émirent un sifflement d'admiration en lorgnant la Delage blanche et bordeaux, dont les chromes étincelaient. Puis, l'un des hommes dont la face exposée plein soleil ruisselait distingua, dans un aveuglement, le visage sombre de la passagère qui venait de s'extirper de l'arrière du véhicule. D'une voix rocailleuse où perçaient admiration et envie, il interrompit les sifflements de ses compagnons d'une déduction qui lui parut infaillible : « C'est des gens de la ville ! Même qu'ils ont amené leur boniche avec eux ! » En villégiature pour la côte basque, Saint-Jean-de-Luz et Biarritz, musardant dans la campagne au gré de leur fantaisie, les voyageurs étaient tombés par hasard sur ce qui s'appelait encore Les Mirandes. C'était en 1939, et maman, tombée sous le charme de la Dordogne, avait décidé de louer la partie habitable du château. Elle ne pouvait imaginer alors que, trente années plus tard, ce qui était encore un lieu-dit, un hameau, accueillerait des millions d'hommes, de femmes et d'enfants.

*

* *

Après la chute des Milandes, la silhouette du château fuyant dans la nuit et, déjà, vers le passé, après une dernière traversée de la campagne immuable et farouche, mais innocente de toutes les vilenies commises par les hommes, après un train et une nuit entière, Paris… Enfin !

Hébétés par le manque de sommeil, autour d'un chocolat au buffet de la gare d'Austerlitz, nous ressemblons à des souris multicolores prises dans les faisceaux de torches électriques. Des projecteurs nous aveuglent ; la télévision resserre son œil implacable sur nos visages défaits, largement oubliés d'un très large public. Elle ne nous laisse pas une seconde de répit. Elle exprime le voyeurisme, elle traque un effondrement en direct ; à nos hauteurs d'enfant, par son incitation aux pleurs, c'est comme si elle voulait se faire justicière de notre existence.

Nous avions tout, nous avons tout perdu… Quelque part, nous sommes coupables…

Quelle leçon ! Qu'il est loin, le Noël neigeux de 1962, neigeux derrière les fenêtres, et neigeux dans l'immense salon où une autre télévision française nous attendait, cette fois-ci, avec un sourire d'enfant et un chuintement dans la voix. Ce jour-là, papa avait transpercé de fils invisibles des milliers de morceaux de coton, et en ouvrant la porte, nous avions eu l'apparition de l'immense sapin dans une tempête de neige immobile. Nous étions entrés dans ce mur qui nous chatouillait en nous percutant joyeusement. J'avais un père enchanteur… Je veux dire que le souvenir de son regard posé sur mon visage d'enfant ressuscite encore ce matin lié par la promesse de nous rendre heureux. Et le monsieur qui nous demandait notre prénom à tour de rôle avec autant de joyeux entrain que s'il nous faisait sauter sur ses genoux nous semble presque un élément de la féerie qui guide nos pas. On se familiarise avec lui comme avec un vieux lutin, sage et protecteur. C'est un des pionniers de la télévision. C'est Jean Nohain. Ses yeux pétillent de malice et sont d'un bleu de porcelaine, il porte une petite moustache invisible, fondue à sa peau, ses lèvres sont humides de postillons pleins de gaieté. Il nous crachote ses mots comme une petite locomotive joyeuse.

À peine arrivés à Paris, très vite, nous sommes disséminés dans des internats autour de la capitale. La plupart d'entre nous gagnent Saint-Nicolas, à Issy-les-Moulineaux, un immense sanctuaire dominicain dont les hauts murs font face, de l'autre côté de la rue, aux murs tout aussi sinistres du Petit Séminaire. En fin de semaine, nous convergeons solitairement, à Saint-Germain-en-Laye, dans une sorte de pension tenue par une dame rogue et sans la moindre compassion pour notre esseulement, digne prolongement féminin des chers « frères » dominicains. Le lundi, à l'aube, dans un épais brouillard, nous marchons deux ou trois kilomètres à pied jusqu'à la gare pour regagner l'internat. Avant de franchir la porte de fer, il faut arborer un costume bleu nuit, une étoile sur chaque revers du veston, une casquette avec un plumet bleu-blanc-rouge. En quelques jours, on doit intégrer la fanfare de l'école. Totalement néophytes en solfège, nous avons droit à quelques heures seulement pour nous hisser à la hauteur des autres musiciens en herbe. Attention aux fausses notes ! Une… deux… à la troisième, la main épaisse comme un battoir de « frère Anselme » me vrille la tête de droite à gauche. J'ai l'impression qu'elle vient de se détacher de mon corps et qu'elle franchit des barrières solaires. Je n'entends plus rien. Pendant deux semaines, je suis sourd. L'église se trouve au sein de l'école. Mais saint Nicolas, patron de l'enfance et de son innocence, ne peut rien, entre deux prières, contre la tentation qui domine la spiritualité de certains « frères ». Tous ces jeunes garçons livrés en pâture par la terrible confiance de leurs parents vont endurer la loi non écrite dans le silence déchiré de la sacristie, au fond des classes désertées, dans leur lit envahi et souillé. Parfois, les châtiments me ramènent à Marseille, dans une nuit infernale de ma mémoire. Sur une règle de fer on peut demeurer parfois une demi-heure sans bouger, bras tendus. Mais curieusement, comme si nous étions isolés et protégés sur une planète mystérieuse et inaccessible depuis notre plus tendre enfance, à touche-corps, mes frères et moi devenons intouchables.

Au début, on ne voit pas beaucoup maman. On entend dire qu'elle chante dans un cabaret, La Goulue. Dans la ville espérée et redoutée tout à la fois, ce n'est pas elle qui change. Malgré le coup de Trafalgar, elle semble moralement inentamable. Le désarroi ne se glisse pas entre elle et nous, et déjà, nous ne posons plus de questions sur le passé et l'avenir. Elle s'évertue à donner sa petite becquée d'affection, comme si un pacte avec elle-même primait sur tout le reste. Notre survie lui impose de ne pas se laisser aller à la désespérante réalité. Peut-être l'empêchons-nous, à ce moment, de sombrer dans une mélancolie étouffante. Mais son idéal de fraternité est plus fort que la pierre, bien qu'une part d'elle soit restée aux Milandes. Là où d'autres seraient tombés en cataplexie, l'étonnante personnalité de ma mère la fait passer, avec la même énergie phénoménale, de la préoccupation la plus terre à terre à l'engagement majeur. En pensant à sa constitution psychologique, je ne suis pas loin de croire que le destin pose parfois son doigt sur l'énergie en mouvement perpétuel, afin de réveiller un monde timoré, apeuré, indifférent et immobile.

Au fil des semaines, nous la retrouvons quelque part dans Paris, l'écrin mythique de sa légende. Après la lugubre pension de Saint-Germain-en-Laye, nous passons nos week-ends à l'hôtel Scribe, en face de l'Opéra Garnier. Nous dormons sous les combles, à plusieurs dans chaque chambre ; maman a certainement dû négocier un prix avec le directeur. Au moment de nous endormir, des rumeurs de ballet nous parviennent. De nos lucarnes, nous surprenons des ombres sous la monumentale coupole ; on imagine un instant les « petits rats » de l'Opéra, pliant mille fois l'échine avec la même délicatesse. Chaque fois, ce sont deux jours de vacances avec maman. Comme nous, elle adore le cinéma. Dans les années 1930, les films *Zou-Zou*, *La Princesse Tam-Tam*, ou *La Sirène des Tropiques* où elle tient la vedette, en compagnie de Jean Gabin, Viviane Romance ou Albert Préjean, lui ont fait côtoyer avec délice le septième art. Après avoir participé à notre rituel fébrile et réjouissant de vote à main levée pour le choix des films que nous avons envie d'aller voir, nous écumons les Grands Boulevards. Elle marche au milieu de nous, un pas en avant, souveraine d'Égypte ouvrant la mer devant elle. Les passants nous identifient tous les dix mètres, surtout les femmes, qui retiennent leur mari par la manche. Et d'une voix de titi parisien, plus joyeuse et plus hardie que celles qui venaient aux Milandes, elles ne peuvent s'empêcher de demander : « Et tous ces enfants, ils sont à vous, madame Baker ? Mais comment avez-vous fait pour qu'ils soient si beaux et qu'ils soient réunis si longtemps autour de vous ? » Impériale et souriante, avec cette fierté mille fois éprouvée, maman leur répond avec la pédagogie du cœur : « Mais oui, mais oui, madame ! Tous sont mes enfants… Et pour tous, je suis leur maman ! Voyez-vous, madame, il faut commencer très tôt avec les enfants, quels qu'ils soient, pour avoir la chance d'avoir ce bonheur… Mais vous savez, tous les enfants du monde sont des êtres merveilleux… Sur terre, il n'y a rien de plus beau ni de plus royal qu'un enfant, d'où qu'il vienne ! »

Heures bénies que ces heures passées avec maman ; heures comptées sur les doigts de la main de chacun que ces deux jours dans les cinémas des Grands Boulevards. Nous pouvons voir dans l'après-midi et la soirée jusqu'à cinq films. Orgie d'images... Orgie de la présence, de la proximité tendre de maman. Ses baisers et la caresse de ses chuchotements dans la demi-pénombre de la salle tombent sur nous à tour de rôle. J'ai beau grandir, je me laisse happer dans son enveloppement protecteur. Cette échappée fantastique repousse un temps les murs sinistres qui protègent les frères, et derrière lesquels coups, attouchements, prédation des corps et des âmes battent la mesure des jours.

Sans doute en partie à cause de ce dur internat (imperméable à la charte libertaire et non écrite d'un Mai 68 qui a planté sa semence dans le monde de l'éducation) où l'on ne pouvait toucher à notre nourriture qu'après un claquement de mains, et chuchoter quelques mots à nos camarades qu'après deux claquements, et ainsi de suite ; sans doute aussi à cause de la solitude existentielle qui montait en moi au moment où je m'endormais, n'ayant ni un père à mes côtés, ni un ami plus expérimenté que moi pour m'aider à me confronter aux questions que je me posais, l'ensemble des pierres, des choses et des gens de l'immense ville défilent, aujourd'hui encore, devant une focale floue. Je n'ai gardé de ce premier Paris que des éclats parcellaires ; une affiche de cinéma flamboyante, Maurice Ronet et Françoise Fabian dans *Raphaël et le débauché*, le fronton de l'Olympia en lettres rouges, avec ces syllabes étranges, à la résonance médicamenteuse, CO-QUA-TRIX, l'homme matois qui a laissé filer les enchères sur les Milandes, parce qu'il pensait que maman n'avait plus rien à faire dans ce trou de verdure : « Capitale de la fraternité, village du monde… ? Allons, allons… Tsst… Tsst ! » Pour lui, il n'y a qu'une seule capitale ; Joséphine doit cesser là ses enfantillages, la rejoindre dare-dare et se mettre au travail dans son théâtre, pour le public parisien, représentation prévue pour la fin mai 68.

D'ailleurs, ce soir-là, nous aussi nous y sommes… À l'abri dans les sombres anfractuosités de velours d'une grande loge, croyait-on. Jusqu'au moment où maman s'assied sur le bord de la scène avec une grande lassitude, tout à la fois étudiée et spontanée.

À l'adresse du public, sur l'air de la confidence défaite, elle se met à regretter ce temps aérien et insouciant où elle était ceinturée de bananes, jeune, légère, traversant sans effort un azur doré. Puis, elle entame un bouleversant *Dans mon village…* Elle le gémit d'abord, *a capella*, garde longtemps les mots en bouche avant de les laisser retomber, l'un après l'autre, comme des larmes rendues brûlantes par le désespoir d'avoir tout tenté. Alors, à cet instant, un éclairagiste dirige lentement vers nous la poursuite du projecteur principal qui suggère la « passion » de maman. Il la pointe un long moment, jusqu'à ce que nous apparaissions tous dans la lumière… Comme pour rappeler aussi que l'objet de sa fatigue, de son épuisement et de tous ses sacrifices niche ici, dans la loge la plus proche de la scène. La salve d'applaudissements nous oblige à nous mettre debout, mais nous ne sommes pas dupes pour autant. Ah ! si nous n'avions pas été sur sa route… doivent se dire certains.

À l'été 1969, après l'Espagne, les hauteurs de Barcelone et le premier homme qui marche sur la lune, on débarque, par le train, en principauté de Monaco.

C'est la gracile et élégante princesse, qui rayonne sur ce royaume d'opérette flanqué d'un petit rocher, conquis, naguère, par des pirates génois, qui nous a invités à passer quinze jours de vacances. Nous logeons à l'Hermitage, un magnifique hôtel à balustres et colonnades, qui domine la baie et le port de Monte-Carlo. Après la « fuite » des Milandes et la parenthèse parisienne, maman trouve refuge auprès d'une bonne fée d'origine américaine, comme elle, qui lui avance le prix d'une petite villa sur la moyenne corniche traversant la commune de Roquebrune-Cap-Martin, à la frontière de Monaco. Nous allons y rester six ans. Jusqu'à la mort de maman.

Nous découvrons que maman est déjà très amie avec cette douce et lumineuse Grace Kelly, un cygne qui a dû imposer son origine et sa beauté solaire au petit peuple méfiant des Monégasques, qui n'en revient pas de sa soudaine et florissante expansion immobilière lorsqu'il lève les yeux sur une ville hérissée de buildings, comme des bédouins ébaubis devant leurs geysers d'or noir. C'est vrai qu'il y a longtemps, les deux femmes se sont déjà rencontrées. C'était en octobre 1951, à New York. Au Stork Club. La scène se passe comme dans un film. D'ailleurs, comme apanage de l'élégance et du chic d'une certaine société, le Stork Club apparaît souvent dans les films de Hollywood des années 1950. Ce jour-là, maman est venue avec un couple d'amis blancs. Après avoir mis un temps anormalement long pour prendre commande, presque une heure plus tard, le serveur revient et prétend qu'il n'y a plus rien de ce qu'elle a demandé. Blessée jusqu'à l'os par cette humiliation qui dissimule à peine le refus de l'établissement de servir une Noire, elle fait un scandale ; le contexte de l'époque est à la guerre raciale aux États-Unis. D'ailleurs, l'endroit est tenu par un ancien *bootlegger* (trafiquant d'alcool pendant la Prohibition) qui ne dissimule pas ses penchants raciaux ni sa répugnance à voir Joséphine Baker dans son club – qu'elle ait été célébrée par *Time Magazine* comme la femme la plus élégante de l'année n'y change rien. Au bar se trouve Walter Winchell, un féroce éditorialiste, ami du patron. Il n'y a pas d'équivalent aujourd'hui de la puissance que détient ce genre d'homme sur l'opinion ; d'un trait de plume, il peut saccager une réputation, ou la hisser à des hauteurs trompeuses. Il est redoutable, brillant, et terriblement rancunier. Violemment interpellé par une Joséphine hors d'elle qui lui reproche son silence, humilié « chez lui », dans son propre quartier général, devant ses nombreux admirateurs et ses détracteurs non moins nombreux, mais terrorisés par son pouvoir, il va faire dégénérer l'affaire dans les colonnes de son journal. S'appuyant sur une communauté noire à l'égard de laquelle il a toujours fait preuve de modération, il va attaquer Joséphine, qui ripostera par journaux interposés. Il perdra la bataille et une partie de son prestige le jour où, aveuglé par l'obscur désir de vouloir régler à sa convenance la dimension historique de ceux qui le dépassent, il prétendra que Joséphine, durant la guerre, s'est fait « des montagnes de fric ». Ce jour d'octobre 1951, dans l'assistance composée de clients exclusivement blancs, certains ricanant sous cape dans le dos des deux protagonistes, une jeune femme est impressionnée par l'aplomb et le courage de maman. Elle n'a pas encore 22 ans et va bientôt devenir une des actrices fétiches d'Alfred Hitchcock. C'est Miss Kelly.

En quelques mois, maman semble avoir rajeuni. Sa silhouette gagne en légèreté. À l'écart définitif de tout un monde d'aigrefins et de rapaces qu'elle n'a jamais compris, son visage s'ensoleille et elle retrouve les rires qu'elle avait avec sa sœur autour d'un plat, aussi savoureux qu'un secret partagé à deux. Sa perruque, beaucoup moins fournie qu'avant, rappelle cette coiffure qui la casquait au temps des années folles. Dans le vent et le soleil, vêtue de pantalons blancs, de chemisiers et de foulards clairs qui boivent la lumière du Sud, elle tournoie merveilleusement. Il semble, maintenant, que la vie ne veuille plus lâcher sa main juvénile. Ses « grands » sont devenus adolescents. Ils savent où a commencé sa vraie vie. S'ils s'expatrient peu à peu de l'enclos maternel, ils sont toujours côte à côte, soudés, étrangers à la tyrannie de la différence qui peut opposer frères et sœurs du même sang.

Maman n'a plus besoin de présenter, comme avant, sa tribu arc-en-ciel : d'eux-mêmes, ils la revendiquent par leur comportement naturel. La petite graine semée dans leur cœur et leur esprit d'enfant a atteint sa maturation. Pour maman, cette aventure humaine devient beaucoup plus que des histoires successives d'adoption. Et c'est à peine une transfiguration ou une métaphore de son esprit lorsqu'elle soutient que ses enfants viennent… d'elle.

Un jour, elle l'affirme d'une façon sans appel à deux témoins qui assistent, à leur insu, au mécanisme secret qui l'a faite mère « biologique ». Ce jour-là, sous une chaleur cuisante, deux gendarmes sont à notre porte, probablement pour une histoire de Mobylette « empruntée » par l'un de nous. Après avoir gravi les très nombreuses marches qui mènent à la maison, le premier pandore, encombré de chair et cramoisi par l'effort, pénètre dans le salon. Il a du mal à reprendre son souffle et s'éponge abondamment le front. C'est à lui qu'incombe la tâche inconfortable de faire part de ses doutes à maman et, tandis qu'il remplit au fur et à mesure son procès-verbal, on devine qu'un embarras le taraude. S'il n'était tenu par le devoir d'une certitude administrative qu'il doit consigner sur une ligne précise, et s'il pouvait se passer de cette question qu'il doit poser maintenant... Enfin, bien obligé, après s'être éclairci la voix, il se lance :

« Hum, hum ! Madame Baker, M. B. est bien l'un de vos enfants, n'est-ce pas ? Mais... c'est un enfant... Comment pourrait-on dire... euh... Un enfant adopté, seulement, n'est-ce pas ? »

Ma mère est assise dans un large fauteuil blanc tapissé de fleurs turquoise, ses mains et ses jambes sont jointes. Elle est près de la terrasse, la lumière du dehors poudroie autour d'elle. Elle a répondu à toutes les questions en souriant, avec une pointe naturelle de solennité, comme s'il s'agissait d'une interview de plus. Dans un immense réflexe de protection et de vérité, elle s'est un peu indignée devant le délit que l'on attribue à son enfant, délit qui n'est pas prouvé. Cependant, intérieurement elle ne s'effarouche pas outre mesure. Les voleurs, les vrais, elle sait ce que c'est. Elle réglera ça tout à l'heure. Mais l'impression de sérénité souriante alliée à sa séduction naturelle, c'est déjà l'image de l'instant d'avant. Aux mots « adopté, seulement… », un séisme a fait bouger ses yeux. Elle se lève et s'approche à deux doigts du gendarme. Le fil de l'eau de la conversation s'est changé en tempête. Ses lèvres s'ouvrent et sa voix rugit tout à coup ce que l'homme n'aurait jamais imaginé entendre. « Comment ! Qu'est-ce que vous dites ! Vous dites que cet enfant est *seulement* adopté ! Cet enfant est sorti de mon ventre… De là ! Vous entendez ! » Pendant quelques secondes, ma mère a fait vaciller la vérité biologique dans l'esprit des deux pandores. Cloué sur place, le gros gendarme finit par remballer procès-verbal et stylo, avant de reprendre ses esprits sous le soleil implacable… mais, à coup sûr, ô combien rationnel et réconfortant.

Recommence alors la valse des écoles, des internats et des cours privés tout le long de la Côte d'Azur, Menton, Monaco, Cannes, sur les hauteurs de Nice, près de la Clinique des Roses où, vingt-cinq ans plus tard, tantie, survivante de la famille Mac Donald, emportera avec elle les derniers secrets de l'enfance. Tantie et l'oncle Elmo suivent maman jusqu'au bout du chemin. Ils n'ont plus le choix, à leur âge ils ne peuvent retourner en arrière ; leur Amérique a tellement changé. Ils ne reverront jamais Saint Louis, la ville d'où s'élancèrent, un siècle auparavant, les premiers pionniers à la conquête de l'Ouest. Bon gré, mal gré, ils se sont enracinés en France. Ils habitent un petit appartement à quelques centaines de mètres de la maison.

Au soleil, à l'abri des conspirateurs, maman a retrouvé les traits de sa jeunesse. À 66 ans, sa silhouette s'est fluidifiée, la taille est fine, la cambrure des mains égale à elle-même, les dents, miraculeusement intactes, étincellent comme sur les photos qui la célébraient plus jeune. Mais elle a acquis, en plus, du bronze dans la voix ; elle peut interpréter des gospels ou « *O'l Man River* » avec l'unité de ton qui s'élève anonymement sur toutes les rives du Mississippi. Elle projette d'écrire ses Mémoires avant de ne plus en avoir, même si le tumulte de la vie l'a empêchée d'empiler des carnets de note. Elle veut aussi que la grande artiste noire du moment joue le rôle de sa vie.

Un jour de mai 1973, sur les marches du palais du Festival de Cannes, j'assiste à une rencontre, un échange et un symbole à travers le temps, extraordinaires de vérité humaine et d'espérance pour le futur. Maman et une jeune femme noire, Diana Ross, éblouissante de beauté dans son fourreau en lamé argent, se tiennent par les mains. La plus jeune des deux est l'actrice du film qui vient d'être projeté en compétition officielle, *Lady Sings the Blues*, biographie artistique et tragique de la vie de Billie Holiday. Malgré la sollicitation des photographes, les yeux de Diana Ross ne quittent pas ceux de maman et sa bouche s'arrondit de stupéfaction. Comment l'ex-chanteuse du groupe The Supremes et des disques Tamal Motown aurait-elle imaginé un jour incarner à l'écran Joséphine Baker, personnage mythique pour tout artiste de couleur ! Un moment plus tard, dans les salons de réception, les deux femmes ne cessent de deviser passionnément, en se prenant régulièrement les mains. On ne sait pas ce qu'elles se disent, mais le timbre de voix si particulier de Billie Holiday, sorte de gémissement amusé, malicieux et profondément vulnérable, enveloppe leur conversation et crée une symbiose entre trois destins de femmes noires : trois étapes sur la longue route de la ségrégation. Jalonnée de prostitution, de drogue et d'autodestruction, la vie de Billie Holiday a été immolée sur l'autel de l'intolérance la plus inepte qui soit : sa mort est avant tout un crime par procuration des mentalités. Tandis qu'en traversant l'Atlantique maman a échappé au destin de milliers d'artistes noirs, condamnés par avance et voués à l'effacement de leur singulier talent. Quant à Diana Ross, cette nuit-là, jeune et émancipée, c'est une enfant « sauvée » du sombre avenir réservé à ceux de sa couleur dès leur naissance.

Maman ne s'est pas débarrassée de cette manie de la gratitude ; soudée à son âme, elle se manifeste sans réserve ni calcul à la moindre occasion. En témoignage de reconnaissance à sa chère Grace, elle se produit gratuitement plusieurs fois au Sporting Club de Monaco, à l'occasion du gala le plus prestigieux de la saison, le gala de la Croix-Rouge : elle y remplace au pied levé Sammy Davis Jr, ivre mort dans un yacht, au large ; elle y rode aussi le spectacle qui la mariera une dernière fois avec Paris. Elle diffuse une vitalité rayonnante puisée dans les exigences d'un dur métier qu'elle connaît par cœur, mais une partie de son cœur, justement, est restée sur la terre dévastée des Milandes...

Nous ne quittons pratiquement plus le Sud, si ce n'est pour un voyage en Angleterre. Les « grands » prennent le train jusqu'à Calais, puis le ferry qui leur fait traverser la Manche, puis de nouveau un train qui les conduit dans le Devonshire, au cœur d'un petit cottage à colombages, coiffé d'ardoise et entouré de quelques pommiers. L'homme d'une cinquantaine d'années qui les a amenés avec lui s'appelle Harry Hurford James. L'intérieur de sa maison et la cuisine de son épouse ne peuvent illustrer avec plus de justesse l'idée vague que nous nous faisons de la bourgeoisie rurale britannique. La maison sent le cuir et le fruit en macération, le plancher de lattes sombres et l'escalier craquent sous nos pas, le feu flambe dans la cheminée, même en été. Les fenêtres font penser à celles du château, avec leurs losanges plombés.

Les chambres sont petites, chaleureuses et indiscrètes, sous l'emprise incessante des crissements du bois et des grincements de portes et d'armoires. La bibliothèque est tapissée de vieux livres reliés. Notre hôte est historien. Entre deux rosbifs-purées-puddings, il nous révèle sa première rencontre avec maman, sur le front libyen, en 1943.

« Dans le désert, sous une immense tente dressée en chapiteau, les derniers *tommies* [soldats anglais] quittaient des tréteaux jonchés des restes d'un repas de Noël. Votre maman leur chante *It's a long way to Tipperary… It's a long way to go…* Puis elle les embrasse un à un, comme des enfants, lorsque dans la file un officier me présente et me désigne comme un jeune assistant – ce que j'étais alors – de l'ENSA [organisation britannique fournissant des divertissements pour les forces alliées], qui, désormais, l'accompagnera jusqu'au Caire. Tout occupée à claquer des bises aux soldats et à leur fourrer de la nourriture dans les poches, n'écoutant que d'une oreille, le regard ailleurs, elle dit, elle chante presque : “Oui… Oui… Très bien ! Mais est-ce qu'il a mangé, ce garçon ? C'est sûr, on va gagner la guerre… C'est sûr ! Mais avant, il faut prendre des forces et manger !" Et, se retournant vers moi : "Tu as mangé, mon petit ?" Je n'ai même pas le temps de répondre qu'elle me fourre dans la bouche une saucisse qui traînait sur la table… » À l'évocation de ce geste, Harry rit sans retenue, puis, perdu dans ses pensées, de son couteau il repousse machinalement des miettes de pain sur la nappe blanche. À cet instant, il se revoit en jeune soldat, qui sait, peut-être secrètement amoureux de maman… Trois ans plus tard, à la mort de celle-ci, il synthétisera sur le registre de condoléances ce qu'un grand nombre d'amis, conquis au cœur par ses multiples facettes, pensaient d'elle : « Elle était adorable, mystique, magique, imprévisible, idéaliste, folle, généreuse et chaleureuse… Elle était tout cela à la fois. »

C'est aussi le temps de la pleine adolescence, de l'incompréhension et de l'éloignement de maman. On ne l'écoute plus comme avant. Elle a réussi l'osmose entre ses enfants, une mini-société avec ses règles de solidarité et d'autonomie, et maintenant on la fait sortir du jeu progressivement.

Inconsciemment. Moïse, jeune Apache aux cheveux longs, veut lui présenter sa fiancée, sa future épouse. Elle refuse. Une femme veut lui prendre un de ses fils, c'est la première fois... Elle est jalouse, ne veut pas l'admettre ; Moïse claque la porte. On fume, on boit, on croit que l'on vit vraiment. Un petit matin, à l'aube, je m'écroule à ses pieds, ivre mort. Alors elle s'épuise en mises en garde inutiles, disproportionnées. Elle me fait suivre par un flic, dans une ville de flics. J'ai 18 ans, une nouvelle fois j'ai réussi à me faire virer d'un internat ; je devance l'appel. Elle fait jouer ses relations militaires. Un colonel me fait croire qu'en m'engageant trois ans dans l'armée je pourrai rejoindre, après mes classes de six mois, le Service cinématographique des armées, à Vincennes. Il me ment. Au bout de trois mois, je veux sortir, résilier mon contrat d'engagement. On refuse. J'étouffe. Prison militaire, infirmerie, infirmerie, prison militaire. Je suis prêt à tout, même à tuer, pour sortir. J'y parviens presque, avec la complicité d'un camarade à qui je « tranche » les veines afin qu'il soit évacué la nuit même à l'hôpital militaire, première étape vers la sortie. Je passe devant un commandant psychiatre, un être humain qui m'ouvre ses oreilles et son cœur – une espèce que je n'ai pas rencontrée depuis longtemps. Il me voit en pyjama, les yeux vides, la parole incohérente, son serment refait surface, il prend la responsabilité de me lire… une lettre de maman. Dès le premier jour, elle demande au commandant de la garnison de ne pas se laisser impressionner par mes manipulations éventuelles. Le commandant psychiatre me réforme P4.

Entre deux tournées, maman, forcément avertie, me découvre à la maison. Elle fait mine de ne pas s'en étonner. Et moi je ne lui pose aucune question. Je ne l'interrogerai jamais sur ses lettres. Ça restera toujours un secret entre nous. Et jamais je ne lui en voudrai.

Mais si le cœur de maman est entamé depuis longtemps par les combats et les vicissitudes, il se ressource encore à la scène. Le meilleur d'elle-même, elle l'aura aussi donné dans les théâtres du monde entier. Et du haut de ses 66, 67, 68 ans, elle peut mesurer le chemin accompli et voir arriver à toute vitesse les cinquante ans de carrière. Quelques mois plus tôt, sans le savoir, elle a dit adieu à une Amérique désertée d'amis et d'ennemis. En juin 1973, le temps a passé. Martin Luther King et Robert Kennedy sont morts : J. E. Hoover, le patron éternel du FBI, aussi, et ses fiches reposent dans une salle d'archives. Lorsqu'elle paraît à New York, sur l'une des scènes les plus mythiques du monde, le concert d'acclamations ne parvient pas à l'interrompre ; pendant plusieurs minutes, debout, le public semble considérer la très longue carrière d'une géante. C'est l'hommage d'une vie qui résonne très longtemps dans Carnegie Hall. Avec son instinct d'artiste, Joséphine ressent exactement les pensées secrètes de cette foule, et avec une fierté malicieuse elle les prend à témoin, ensemble, et chacun en particulier, elle fait exploser leur cœur d'Américains férus de légendes et d'*American way of life* : « Pas mal pour une petite Noire de Saint Louis, non ? »

À travers deux chansons de ce concert de légende, elle va exprimer son sens moral et l'enseignement de sa vie, et sa dimension parfois mystique en l'espérance humaine. À la fin de « *My Way* », ce qu'elle clame alors ne s'adresse pas seulement au public, mais à la face du monde : « *I did it... I did it my way... Because I so profundly believe in humanity in general !* », dit-elle, sans micro et sans musique, d'une voix déchirante. L'autre chanson, « *My Sweet Lord* », est un gospel envoûtant écrit par un ancien Beatles, George Harrison. En l'interprétant dans une sorte d'état second, Joséphine semble habitée par un rêve qui passe en elle. Les réminiscences du passé se fondent dans la vision d'un monde recréé. Les visages de l'enfance défilent, très joyeux... Sa mère, Carrie, sa tante Elvara, Richard, Margaret et Willie-May tous sont ressuscités dans une petite église, ils scandent « *My Sweet Lord* » en frappant dans leurs mains... La misère s'est enfuie de Bernard Street... La lumière pénètre partout dans leur maison misérable... La couleur de chaque chose est vive, dans les jardins éclosent des fleurs. Dans l'église, les Blancs se joignent aux Noirs, chantent les mains et les yeux pleins d'une ardeur nouvelle... Et devant elle, la salle de Carnegie Hall, semée de Blancs et de Noirs, se met à vibrer à l'unisson. Le bourdonnement qui monte des travées donne la chair de poule. Le peuple des voix qui accompagnent Joséphine crèvent le dôme du théâtre et s'éparpillent dans le ciel new-yorkais. C'est l'adieu réconciliateur à l'Amérique.

Au cœur de l'été, Joséphine rencontre Golda Meir, le Premier ministre d'Israël, à Tel-Aviv. Une grande photo des deux femmes, assises, souriantes, yeux dans les yeux, main dans la main, trône dans le salon de la maison. Maman a rapporté également une photo panoramique et dépliante de Jérusalem de plus de deux mètres de long, où s'étalent les remparts de la vieille ville, magnifiquement surplombés par la coupole d'or du Rocher (mosquée de Omar).

Un matin, à l'abri des regards extérieurs, elle est en robe de chambre, ses cheveux gris plaqués sur sa tête nue, je suis seul avec elle. Je ne sais pas comment cela m'est venu, mais en la découvrant sans maquillage et sans entrain, la voussure du dos accentuée par l'âge et la fragilité soudaine de son corps, je pense à sa disparition et lui demande ce qui se passera le jour où elle ne sera plus là. Mot pour mot, elle me répond : « Ça arrivera un jour, mon chéri, mais ne t'inquiète pas, la mauvaise graine ne meurt pas comme ça… » Et, comme si je venais de lui faire secrètement pressentir sa fin, fixant du regard les murs de la vieille ville de Jérusalem, elle ajoute : « Tu sais, j'ai remarqué que parfois les artistes ne s'appartiennent plus après leur mort… Surtout les grands artistes… Ou les grands hommes d'État. On ne respecte pas tout à fait ce qu'ils auraient voulu ; on tient absolument à les mettre dans un petit monument public où chacun pourra venir les voir. Moi, j'aimerais que mes cendres soient répandues au-dessus de cette ville déchirée depuis si longtemps par les guerres… »

Croyait-elle à ce qu'elle disait ou m'avait-elle désigné Israël dans un moment d'éreintement moral et de lumière mystique ? Jamais je ne le saurais. Quoi qu'il en soit, après la guerre des Six-Jours, qui avait éclaté en 1967, surviendrait, quelques mois après notre conversation, celle du Kippour, en septembre 1973. Mais un an et demi après cet aveu matinal et inattendu, elle ne sera plus là pour l'exiger. Tout de même, quelques circonstances qui relient des personnages qu'elle rencontre à cette époque et qui s'entrecroisent autour de la vie et de la mort de ma mère m'imposent un curieux sourire devant des signes du destin. Un an après sa mort, Brahim-Brian et moi sommes invités à New York, pour célébrer un immense hommage à maman, au Metropolitan Opera House. Nous montons sur scène, de part et d'autre de la maîtresse de cérémonie, qui nous prend la main et qui n'est autre que Ingrid Bergman – cette merveilleuse actrice a interprété, il y a peu, la vie passionnante... de Golda Meir. De même, au cœur du fameux récital de Carnegie Hall, elle a fait monter sur scène Burt Lancaster : elle l'embrasse, le prend dans ses bras, le fait danser avec elle tout en lui délivrant une chanson pleine d'espoir pour l'avenir : *« Demain, tout va changer, demain... »* Burt Lancaster, avec lequel elle s'est liée en 1963, lors de la grande marche vers le Capitole pour les Droits civiques des Noirs... Burt Lancaster, qui avait interprété le personnage, à peine éloigné de la réalité, de...

Walter Winchell, dans *Le Grand Chantage*, tourné quinze ans auparavant.

*

* *

Parmi les villas infiniment plus cossues, certaines somptueuses, qui nous entouraient, la nôtre paraissait tout à fait humble, et nous dormions sur des lits superposés. L'été précédant la mort de maman, j'avais été embarqué dans une soirée « fitzgeraldienne » par un de ses amis parisiens. Si je dois quelque chose à Jean-Claude Brialy, c'est de m'avoir ouvert les yeux, malgré ma petite indifférence à toute épreuve du moment et avant qu'il ne soit trop tard, sur la constance et la beauté intérieures de maman, infiniment plus puissante que les aléas de la vie.

Cette nuit-là, maman est déjà sur place, tout au bout du Cap-Martin. L'endroit n'est pas un château, mais ce n'est pas seulement une maison. Les colonnes de marbre, les trois piscines cascadant vers la mer, les jardins en espaliers et un étalage obsessionnel de l'image du cheval, taillée en camée ou incrustée dans les pierres, au bord des piscines, gravée sur les colonnes et sur le portail monumental de la demeure, laissent augurer, en la personne du propriétaire, un nabab hors du commun. Et c'est le cas… Orgueilleusement cloué dans son fauteuil roulant capitonné de petites têtes de chevaux héraldiques, le maître des lieux est un homme d'une soixantaine d'années, le visage émacié comme un sabre, racé et élégant jusqu'à la dernière fibre de son smoking en alpaga. Toute son ardeur à vivre semble ramassée dans ses yeux d'un bleu foudroyant et métallique. Il a un regard que l'on n'oublie pas : deux persiennes qui brûlent d'un feu intense et céruléen, indépendantes de la ruine du corps. Se tient derrière lui, dans un fourreau bleuté, étincelant comme la peau d'un poisson, gantée jusqu'aux coudes, les yeux violets, bionique et vénéneuse à souhait, sa jeune femme : une blonde calamistrée de trente ans de moins que lui, évaluant, à chaque baisemain reçu, la distance entre le riche et le milliardaire. Maman accueille les invités, qui trouvent divine la surprise de leur hôte, lequel demeure en retrait, goûtant chaque étonnement avec un sourire glacé et un tressaillement des épaules. La soirée est placée sous le signe des années 1930. Du haut de mes 19 ans, je me demande comment ont pu converger, d'un seul coup, toutes ces Bugatti Royale et autres Hispano-Suiza immatriculées dans le monde entier… Somptueuses voitures, à elles seules des palaces miniatures, métal, cuir, bois précieux, orgies de chevaux-vapeur, de luxe et de volupté. Malgré leurs différentes nationalités et les immenses fortunes qu'ils pourraient étaler dans d'autres fastueuses fêtes, leurs propriétaires se sont retrouvés avec une telle facilité de déplacement, et au même moment, que le bout du monde semble tout près de ce palais surplombant la mer. En fait, ils ne peuvent véritablement être eux-mêmes qu'entre eux. Tout au long de l'année, les rivalités d'imagination, d'élégance et de luxe leur imposent une constante compétition de féerie, évaluée dans les conversations de l'instant, commentée par les gazettes spécialisées, et qui s'écriront, peut-être, dans la légende des événements les plus réussis. Hors le jeu de la compétition, les miroirs solitaires, à portée de main, ne renvoient qu'une flatterie lassante, servile comme un domestique. Ils sont irrésistiblement poussés dans des lieux protégés de la laideur de la pauvreté, là où tout peut et doit se montrer, l'étalage n'ayant plus aucune mesure.

Je perds maman des yeux et me fonds dans cette petite foule où les femmes rivalisent de porte-cigarettes en ivoire, de bibis emplumés sertis de broches, de robes fendues, moulantes, en velours, en lamé ou en soie, dans une tonalité de ton or ou argent. Peu à peu, de table en table, dans la splendeur de l'herbe et autour des jets d'eau, une devise prend forme sur toutes les lèvres, une devise exprimée comme un crachat sur les pauvres ; ensemble, ils pourraient tous s'exclamer en riant : « Un monde plus juste serait un monde plus laid ! »

Je retrouve maman un peu à l'écart. Sous une pergola chamarrée de tentures dorées et argentées, un souper privé est donné en son honneur. Par la couleur de son fourreau, elle se distingue singulièrement des autres convives : elle porte une robe bustier vert émeraude assortie à de longues et frétillantes boucles d'oreilles, les gants crème qui montent sur ses bras tranchent sur sa peau. Son hôte, magnat suédois de l'acier, possesseur de plusieurs hippodromes à travers le monde, se tient à sa droite ; dans cet aparté avec elle, le bleu vibrant de ses yeux s'adoucit derrière un voile de candeur retrouvée… L'hôte de maman, c'est aussi son employeur de luxe, l'homme qui a loué sa spectaculaire présence pour une soirée qui doit faire date. Autrefois, elle a été fortunée, sans l'avoir voulu ni cherché, mais elle n'aura jamais été comme ces milliardaires affamés de pouvoir et d'argent. Au fond, l'argent ne l'intéresse pas ; si elle a accepté ce rôle d'animatrice, c'est uniquement pour nous nourrir, mais ce sacrifice de sa fierté qui la fait reine du devoir m'échappe, je ne la perçois encore que sous les atours d'une vieille star que l'on s'arrache pour faire briller l'instant.

À minuit, elle s'avance devant un orchestre de douze musiciens, cheveux gominés, assis devant leur pupitre. Tous arborent un smoking blanc, un plastron immaculé et un nœud papillon blanc. Le chef d'orchestre aussi. Elle interprète deux fox-trot, « *Blue Sky* » et « *Pretty Little Baby* », qu'elle a enregistrés en 1927 – deux merveilleuses petites chansons qui résonnaient alors comme des comptines à l'infinie tendresse pour sa petite sœur borgne, Willie-May. Puis, au rythme du charleston, qu'elle mime avec ses mains et ses jambes, elle envoie tout le monde sur la piste de danse. La fête dure toute la nuit. Maman est rétribuée pour chanter jusqu'à la fin. À l'aube, des femmes en fourreau s'ébattent dans les piscines comme des sirènes saoules, devenues parlantes et égrillardes. Des hommes les pourchassent, une bouteille à la main, buvant leur champagne dans le calice des escarpins en strass qui dérivent à la surface de l'eau.

Lorsque nous sommes raccompagnés, à l'horizon le soleil quitte peu à peu son cocon orangé. Je suis à l'avant de la Rolls, et maman se tient au milieu d'un couple de vieux milliardaires, que le chauffeur emmènera, après nous, vers l'hôtel de Paris, le palace de la place du Casino, à Monte-Carlo. Ce matin-là, ces deux Américains s'attendent à voir surgir une maison digne de la légende de Joséphine Baker, comme en sont truffés Bel Air ou Beverly Hills. À quelques mètres de chez nous, maman fait signe au chauffeur de ralentir, mais le couple ne voit toujours rien du palais excentrique de la star. Il n'y a qu'une petite maison blanche et basse, sans prétention, dissimulée par un muret. L'homme s'extrait de la voiture pour saluer maman. Malgré sa stature sociale et son âge, il paraît franchement embarrassé, comme s'il voulait partager une part de la honte qu'il suppose chez ma mère. L'atmosphère de la scène ne peut pas m'échapper ni échapper à la mémoire future qui restituera cet instant – autour de nous rien ne bouge, il n'y a que nous de vivants dans l'aube immobile. Comme si elle devinait la gêne de l'homme qui lui baise la main, le plus tranquillement du monde, avec une douce fermeté et une grande noblesse dans la voix, elle lui confie : « Vous savez, ami, malgré les apparences, je suis très heureuse de pouvoir habiter encore quelque part avec tous mes enfants… C'est la chose la plus naturelle, mais voyez-vous c'est aussi la plus difficile que de pouvoir garder tous ses enfants autour de soi… »

Ivre de fatigue, maman dépose un grand baiser sur mon front avant de rejoindre sa chambre toute simple, tandis que j'escalade un lit superposé à celui de l'un de mes frères. À l'ultime souvenir du palais de marbre, des piscines et des jets d'eau, les souffles haletants de chaleur qui chuintent autour de moi font saillir plus vivement encore l'exiguïté de notre modeste maison. Mais peu à peu, cette absence de confort fait place à un sentiment qui ne m'a jamais étreint jusqu'à maintenant. Maman, depuis toujours, vit avec cette idée, cet idéal en elle, et dans ce jour brûlant qui monte, elle le fait pénétrer en moi comme une évidence qui ne bougera plus : c'est vrai, depuis le premier jour, nous n'avons jamais cessé d'être, tous, ensemble.

*

* *

Mourir sur scène… Malgré la tristesse jetée sur les siens, c'est le plus grand bonheur qu'un artiste puisse souhaiter ! Carnegie Hall, il y a deux ans, déjà, c'était son adieu à l'Amérique… Bobino, aujourd'hui, c'est celui à Paris et à la France.

Nous sommes au soir du 8 avril 1975. Huit mois après son rodage, l'été précédent, au Sporting Club de Monaco, le grand spectacle retraçant sa vie en plusieurs tableaux, nourris de chansons, de *medleys*, de pots-pourris du music-hall américain et de sa propre discographie qui court sur cinquante ans de carrière, accueille le Tout-Paris pour la première, rue de la Gaîté. Une rue qui mérite encore son nom, avec ses petits théâtres populaires, ses dancings, ses bistrots parisiens à l'ancienne qui l'illuminent. Une rue qui descend vers le Montparnasse de sa jeunesse, où, après le spectacle, elle allait encore s'étourdir par la danse. Les neuf lettres de son prénom se reflètent sur le trottoir, comme si chaque Parisien, chaque passant, n'avait pas besoin d'en découvrir plus, car il sait, désormais, qu'une seule Joséphine au monde appartient, et depuis longtemps, au cœur de Paris, à l'histoire de la France. Elle aurait préféré une salle plus grande, le Casino de Paris, par exemple, où Henri Varna, grand seigneur du music-hall et l'un de ses Pygmalion, lui a appris à descendre le « grand escalier », au début des années 1930. Mais le nouveau directeur, Roland Petit, n'a pas voulu prendre le risque : « Trop âgée… trop fragile du cœur ! Et puis, serait-elle encore capable de remplir une salle pendant un mois ? »

Ce soir, si l'on veut accéder à *ta* loge, il faut se frayer un chemin entre un cortège de fleurs qui part de la loge de la concierge du théâtre, monte l'escalier et longe le couloir. Sur chaque corbeille, chaque brassée, chaque fleur, on découvre des signatures d'artistes du monde entier, des princes et des rois qui veulent célébrer par la pensée tes noces d'or avec Paris, cinquante ans après la *Revue Nègre*. Le petit millier de personnes qui attendent derrière le rideau sont venues pour accompagner ton apothéose, guetter le dernier souffle, irrésistible et prodigieux, de ton immense présence scénique. Ce millier de gens constitue la grande famille d'un Tout-Paris qui se soude dans la perception d'un événement unique, lorsqu'il se produit. Et ce soir, chaque membre espère te retrouver, telle que tu es demeurée, dans son songe le plus intime. Pour les plus anciens et les plus rares d'entre eux, il suffira que tu paraisses pour ressusciter en idole d'acier bruni, enroulée autour du corps d'ébène et granitique de ton partenaire de la *Revue Nègre*, Joe Alex. Pour d'autres, c'est au Vésinet, dans ton manoir de Beau-Chêne, entourée de ton bestiaire hétéroclite, que tu déambuleras un instant dans leurs prunelles, sourire aux lèvres et français en bataille, jeune femme sans fard distribuant du pain aux oiseaux et aux canards, ta femelle guépard, Chiquita, allongée dans l'herbe un peu plus loin. D'autres te « verront » en fulgurances, pendant la guerre, sur une scène de fortune à Benghazi ou au Caire… Et d'autres encore, aux Milandes, lorsque tu brillais comme un diamant noir dont on percevait l'éclat à l'autre bout de la terre. La rumeur s'amplifie… Le rideau n'est pas encore tiré, mais, tassés au fond du théâtre, les amis les plus proches ne peuvent dissimuler leur angoisse. Ton cœur de 69 ans ne va-t-il pas céder devant le déferlement d'émotion dont seul Paris détient le secret ? Et ta voix criblée de trous de mémoire pendant les répétitions… tiendra-t-elle ?

Mais cinquante ans plus tard, c'est ta première nuit avec Paris qui se prolonge, et rien ni personne ne peut briser sa magie. Tu es de nouveau l'ensorceleuse, la seule qui a le génie de ne pas vieillir ses admirateurs. Meneuse de revue royalement intemporelle, tu possèdes ce don perfectionné à l'extrême de savoir « dépasser la rampe »... C'est-à-dire de donner l'impression de t'asseoir sur les genoux de chacun et de chanter pour lui seul. Au milieu du spectacle, habillée en bohémienne, tu prends la main d'une dame du premier rang. Elle a des cheveux courts et blancs, des yeux de porcelaine, et tu lui chantes, en tenant toujours sa main et en changeant le cours des paroles : « Je vois, madame, que vous avez eu une très belle vie, que vous avez aussi une très belle main... Et permettez que je vous embrasse... » Cette main, c'est celle d'Arletty. À la fin du spectacle, mille gorges nouées par l'émotion lancent leurs cris d'amour sur la scène, comme autant de fleurs. Salle et balcon à l'unisson, c'est alors que toutes les Joséphine montent au cœur de chacun, à tour de rôle. C'est l'adieu à l'artiste, mais également à la combattante, l'insoumise, l'indomptable être humain. Les « Merci, Joséphine ! » fusant de tous côtés deviennent, pendant les quarante minutes de rappel, les deux plus beaux mots de la langue française.

Tu n'es pas au bout de tes émotions... On t'attend à l'hôtel Bristol pour célébrer tes noces avec Paris et le music-hall. Tu portes la robe de mousseline blanche qui te servira de linceul dans quelques jours. Derrière la voilette d'un chapeau en forme de large turban, tu fais ta coquette, ta jeune fille en fleur… C'est normal, tu seras enterrée en jeune fille, en blanc. Tu as presque 69 ans, dans quatre jours tu seras morte et tu n'auras jamais eu le temps de vieillir vraiment. Tu es magnifique. Et cette photo, au plus avancé de ta vie, à la dernière marche, devient à la fois ancienne et très récente, car c'est aussi la première image avant ta mort. Mais puisque tu as toujours refusé d'être un musée vivant, mieux vaut peut-être que tu t'en ailles avant la tentation d'une longue vieillesse ! Tout à leur joie, c'est ce que doivent se dire aussi ceux qui applaudissent en smoking autour du gâteau que tu vas couper. Personne ne voudrait pousser un fauteuil roulant ou venir te visiter dans une de ces maisons à décrépitude physique et mentale. Nul ne réclame ces jours sans gloire qui auraient été encore devant toi si, enfants, amis et admirateurs, nous ne t'avions poussée à « mourir » sur une scène. Avec les ans, ton existence n'aurait plus été qu'une mince armoire ouverte sur des petits bonheurs, des plaisirs clandestins de petite vieille décatie… Mais ça aurait encore été la vie.

Tu faisais ta sieste, tu as toujours fait une sieste pour adoucir tes levers à l'aube. Les brancardiers t'ont trouvée endormie, des articles de journaux autour de ton corps, comme autant de parfums d'éloges antidatés : *Libération*, *France-Soir*, *Le Monde*, *Le Matin de Paris*, tous célébrant ta prouesse scénique, avec un consensus qui dépasse le goût particulier et se donne rendez-vous aux portes de la postérité d'un être. Mais moi, je n'ai jamais pensé ton visage dans un futur où nous nous serions fait face. Pourtant, j'aurais aimé t'imaginer en petite vieille, parce que ç'aurait été à mon tour d'enserrer tes frêles épaules et d'embrasser ton visage devenu très vieux et très chéri. Mais j'avais 20 ans, je ne savais rien de la nostalgie que les êtres sèment derrière eux, et la vérité ne me cherchait pas encore. Happé dans une autre nuit d'ivresse, je buvais, je riais, j'étais loin de ton Paris et de ton sommeil de mort, à la Salpêtrière. Petit monstre inconscient, à l'avance pardonné, voilà comment je brillais dans l'ordre du monde.

Maman est morte aux premières heures du 12 avril 1975.

Trois jours plus tard, ses obsèques ont lieu à la Madeleine. Par la foule énorme qui s'est amassée autour de l'église et les drapeaux français qui lui font une haie d'honneur, elles revêtent une dimension nationale. Avant d'atteindre l'église, le cortège a descendu la petite rue de la Gaîté et s'est arrêté devant Bobino. Son nom est toujours accroché au fronton du théâtre du « rire et de la gaieté », comme si elle allait revenir et chanter le soir même. Un artiste, ça ne devrait pas mourir, du moins, pas comme tout le monde. Chaque fois que ce constat resurgit, on est renvoyé, inconsciemment, à l'origine de l'espèce, là où, croyait-on, tous les destins se valaient. Mais elle est morte, et elle repose dans le cimetière marin de Monaco. Avec elle, il y a papa, tantie et tonton Elmo… Il y a Moïse. Un jour, on ne distinguera plus les lettres et les chiffres en bronze sur le petit mur de granit noir qui proclame son nom, sa naissance et sa mort, face à la mer.

Joséphine Baker 1906-1975

Ceux qui défileront devant sa tombe auront tout oublié, et le dernier souvenir du music-hall se sera évanoui – même les plus belles épopées ne trouveront plus de mémoire pour les entretenir. Disparition inéluctable, soit, mais alors comment ne pas vouloir laisser trace sur les îlots cernés d'oubli que sont, l'un après l'autre, les jours de son existence ?

*

* *

À coups d'effacements de la mémoire, on pourrait penser que le temps a projeté de nous faire croire que le souvenir le plus émouvant ne fut, lui aussi, qu'une illusion… Mais je sais que je n'ai pas rêvé ce tableau, parce qu'il réunit en lui seul tout ce que nous étions autour de maman et tout ce que nous aurions dû être.

Ensemble comme jamais après, peut-être, c'est nous tous, jeunes frères et sœurs, agenouillés autour du lit à baldaquin de maman, dont le rayonnement satiné au-dessus de nos têtes donne l'illusion d'un doux soleil, et dont les quatre colonnes d'ébène exhalent un parfum de térébenthine qui nous enivre un peu, à la manière d'un encens oriental. On doit être en hiver 1960 ou 1961, nous avons entre 3 et 9 ans. La maison est plongée dans une pénombre précoce, la chambre ne semble plus rattachée au château et le château ne semble plus rattaché au monde… Il dérive dans l'espace. À travers les fenêtres, les arbres s'effilochent, des bancs de brouillard stagnent, la vallée se noie. Un magma gris et immobile a pris possession des collines. De vivant, il n'y a que maman et nous, serrés les uns contre les autres, autour du lit…

Les visages redeviennent ce qu'ils étaient, les petites mains de toutes les couleurs rampent sur les couvertures. C'est d'abord un jeu. Nous devons traduire en français de petits mots d'anglais, des mots simples, et le premier qui y parvient reçoit un bonbon et un baiser de maman. Ni maquillée ni coiffée de l'une de ses perruques qui reposent sur de fantomatiques mannequins de polystyrène, maman est malicieuse à souhait. Ses pauvres cheveux brûlés et tire-bouchonnés en arrière, et ses dévorantes poches sous les yeux ne nous la rendent pas vieille, oh non ! Comme nous, à cet instant, elle a l'œil vif et luisant, le cheveu souple et crépu, une peau blanche, cuivrée, noire ou jaune. La portée de sa voix ne dépasse pas nos bredouillements, et elle partage nos confusions de langage avec un rire clair de petite fille. Elle ne peut faire disparaître la barrière entre l'adulte et nous avec plus de bonheur.

Et la mélancolie, maintenant, peut distiller son parfum exquis. Je suis de nouveau le petit garçon au comble de la joie, tel qu'il était dans cette ronde… Aimant, généreux de tout son petit lui-même, et, dans le cœur déjà âgé de maman, trop loin de la mort pour ne pas s'ouvrir, un jour, à son rêve adamique… Recommencer la fraternité sur terre, par nous autres.

La dernière compétition pour les bonbons acidulés vient de s'éteindre. Conteuse à la manière d'une petite récitante, maman entame une histoire que nous ne comprenons pas bien, car elle prend sa source dans le futur. Subitement, ce n'est plus « Il était une fois, mes chéris… », mais « Un jour, il y aura… Vous verrez… ». Un jour, aux Milandes, il y aura un architecte, un vétérinaire, un notaire, un avocat qui se sera introduit en chacun de nous, et réciproquement, dont chacun de nous sera fait. Nous devons nous pénétrer d'ores et déjà de l'image d'un rempart solidaire autour des Milandes.

Ce songe éveillé me rend sa voix comme le ruissellement d'une eau batailleuse et opiniâtre. « Toi, Jean-Claude, tu seras le notaire ! Protéger les papiers confidentiels des Milandes... C'est le devoir d'un notaire toute sa vie ! » Et une petite voix séraphique de lui répondre : « Oui, maman, je le promets, quand je serai grand, je garderai des papiers. » Une autre : « Je le jure, quand je serai grand, je serai avocat. » « Et moi, je deviendrai vétérinaire pour soigner tous les animaux des Milandes. » Une mythologie de soldats fraternels, prêts à se sacrifier les uns pour les autres, nous prend ensemble. Nous récitons nos vœux, et elle nous imagine, recréant un monde que les adultes ont trahi. Elle était seule, et nous n'aurions pas le temps de grandir pour l'aider, à notre tour. Sans le savoir, autour de son lit d'amour, nous n'étions qu'un symbole impuissant.

Ensemble, au temps de l'innocence... Mais se voient-ils toujours ? Surtout, s'aiment-ils toujours, ces enfants devenus célibataires, maris et femmes, pères et mères, grands-pères et grands-mères (dix-sept enfants et petits-enfants à ce jour), malgré la distance qui va de Buenos Aires à New York, de New York à Paris, de Paris à Monaco, de Monaco à Venise ? Qu'ils vivent loin ou travaillent dans des milieux différents comme la restauration, la banque ou l'art, ils se revoient dès qu'ils le peuvent. Cette édification humaine a tenu bien après la mort de leurs créateurs et leur affection réciproque est invariable. Elle est trempée dans l'acier d'une véritable fraternité, l'habitude prise de se sentir égaux, la force mystérieuse qui lie les rescapés et les survivants. Au fond du fleuve de l'enfance de chacun, il y aura toujours cette pépite inaltérable. En dépit de toutes les normes et de tous les scepticismes, il y eut bien une autre possibilité de l'amour, donné et reçu, aux Milandes. Et puis, ne serait-ce qu'au nom de l'idéal de maman, chacun est fidèle à ce « devoir » d'aimer ses frères et sœurs ; mais surtout, rien ne pourra déraciner le germe qu'elle a semé

– ni la défaite de l'intégrité intellectuelle qui guette tout un chacun, ni la menace de l'âge qui vient.

Peu d'hommes et de femmes connaîtront une vie débordante sur toutes les cultures, les races, les êtres, les animaux, les indignités ! Après l'enfance trouée de crimes, de ségrégations et d'iniquités… Après les routes dures et sans horizon, dévolues au même peuple… Après la caresse amoureuse d'un autre pays, son affaissement et la solitude des premiers combattants… Après les aéroports du monde entier, les milliers d'avions, les Constellation ou les Boeing, les Caravelle… Après le tutoiement de la mort converti en interdiction de donner la vie… Après la guerre et après nous… Après les millions de watts dans les yeux et les montagnes de robes et de strass… Après quarante ans vécus ailleurs, et trente autres à rêver d'un autre monde, ni les temps ni les modes ne sont encore parvenus à chasser de nos mémoires celle qui disait, chantait et déclamait en même temps : « Je vis, je respire et j'avale chaque jour un peu des Milandes ! »

Ma maman rieuse et grave et pleine de courage ! Dans ma mémoire, à jamais debout et se battant, non pour défendre un peu d'argent, de confort ou de gloire, mais pour l'idée de la condition humaine qu'elle s'était édifiée toute seule. C'était arrivé là-bas, dans ce coin de France, ça aurait pu se passer n'importe où. Visionnaire naïve, condamnée dès le premier jour. Mais je suis sûr qu'un grand morceau de son âme demeure dans ce fantôme de village, recroquevillé sur lui-même, rendu à son anonymat. Seul le château, tel un grand et beau berger de pierre, veille sur l'histoire de sa vie éparpillée aux quatre coins du monde, qu'il rassemble inlassablement au fil des ans. C'est un musée où l'on entre intrigué et ébloui par sa majesté extérieure, et dont on ressort converti à l'humanisme de celle qui en avait fait une étoile inaccessible à la laideur humaine. Nulle part n'y est écrit CI-GÎT LE RÊVE BRISÉ DE JOSÉPHINE BAKER... Mais, rejoignant le destin de tous les rêves qui bercent les utopistes, le sien reste suspendu dans l'avenir de l'humanité.

Quant à moi… Au moment où elle me quitte, un aveu sur moi-même prend date dans la conscience qui va me transformer peu à peu. Peut-être l'ai-je fait souffrir, comme on ne fait jamais autant souffrir, à l'adolescence, sa propre mère… Et si je ne suis pas son enfant, je suis sûr d'avoir été son fils.

Imprimé en France par CPI
en septembre 2015

Composé par Nord Compo Multimédia
7, rue de Fives, 59650 Villeneuve-d'Ascq

Dépôt légal : février 2012
N° d'édition : 09279/05
N° d'impression : 2018624